Phänomen-Verlag

Tom Amarque

Narratives Bewusstsein

Lebenskunst nach der Postmoderne

Phänomen-Verlag

Bibliografische Information Der Deutschen Bibliothek:

Die Deutsche Bibliothek verzeichnet diese Publikation in der Deutschen Nationalbibliografie; detaillierte bibliografische Daten sind im Internet über http://dnb.ddb.de abrufbar.

Tom Amarque
Narratives Bewusstsein
EAN 978-84-943147-3-5

Phänomen-Verlag
Web: www.phaenomen-verlag.de
E-Mail:kontakt@phaenomen-verlag.de

Satz & Gestaltung: Phänomen-Verlag

Narratives Bewusstsein

Lebenskunst nach der Postmoderne

Inhalt

Über dieses Buch

Dieser Essay ist in zweifacher Hinsicht ein Experiment. Zunächst ist er seiner inhaltlichen Natur nach ein Mischwesen. Er ist weder explizit eine (populär-)wissenschaftliche, psychologische oder philosophische Arbeit, noch ist er ein therapeutischer oder spiritueller Ratgeber. Er existiert bestenfalls in einem Spannungsfeld von Philosophie, Psychologie und Spiritualität und bezieht seine Ansätze, Erkenntnisse und Theorien aus diesen Bereichen.

Zum Zweiten, und dieser Punkt ist nicht unwesentlich bedeutsamer, ist dieser Essay auch in stilistischer Hinsicht ein Experiment, weil der Inhalt des Buches auch formal umgesetzt wird; die Kongruenz von Inhalt und Form wird angestrebt. In diesem Sinne ist er kein rein deskriptives, also *beschreibendes* Sachbuch über die Eigenschaften und Funktionsweisen eines narrativen Bewusstseins. Auch hier wird versucht, ein Mischwesen zu erzeugen, welches, dem Inhalt entsprechend, narratives Bewusstsein sowohl erzählt als auch anweist, es zu erzählen – und damit zu erzeugen. In dieser Hinsicht ist es ein *performativer* Text, der, wie in der gegenwärtigen avantgardistischen Kunst üblich, den Betrachter integriert und dabei absichtlich Brüche, selbstreferenzielle Schleifen und Ambiguitäten erzeugt, um den Leser anzuregen, selbstständig innere Vernetzung und Narrationen auszubilden: nämlich die Narration (und die damit verbundenen Perspektiven) des narrativen Bewusstseins. Die Performance des Lesers wird integriert.

Dazu ein paar erklärende Worte: Unsere westliche Gesellschaft favorisiert im Wesentlichen jenen Bewusstseinszustand, der sich durch *Wachsamkeit*, *konkreten Weltbezug* und *Problemlösung* auszeichnet. Viele andere Zustände – seien es Entspannungs- oder Ekstasezustände, seien es durch athletische, spirituelle, pharmakologische oder amouröse Verfahren, Techniken und Methoden eingeleitete alternative Zustände – finden zwar zunehmend ihren Platz und ihre Berechtigung, werden aber dem Ersteren stets untergeordnet. In unserer Gesellschaft liegt das Primat auf diesem auch ‚konkret-operational' genannten Bewusstseinszustand, mit dem wir Pläne schmieden, Probleme und Krisen bewältigen, Analysen und Methoden entwerfen, Techniken erlernen und uns Wissen aneignen, ja, mit dem wir unserer täglichen Arbeit nachgehen.

Notwenigerweise sind deshalb Bücher, vor allem wissenschaftliche Sachbücher oder Ratgeber, hauptsächlich an diesen konkret-operationalen Zustand adressiert. Literatur, besonders in der Postmoderne mit ihren surrealen Formen, ist hier viel freier, alternative Bewusstseinszustände hervorzurufen; auch die philosophischen Klassiker der Postmoderne versuchten sich an neuen Sprachstilen, um die Einsichten und neuen Perspektivem der Postmoderne angemessen transportieren zu können, man denke da z. B. an Baudrilliard oder Foucault, Guattari oder Deleuze. Form und Inhalt sollten daher, gerade in Bezug auf philosophische Essays, übereinstimmen. Wenn dies funktioniert, kommt man zu so neuen Sprach- und Denkformen.

Ich möchte mit diesem Buch einen anderen Bewusstseinszustand bzw. eine andere Bewusstseinsstruktur ansprechen und anregen, und zwar einen, den man nun mit post-postmodernen Strukturen in Verbindung bringen kann. Dazu muss ich mich einer anderen stilistischen Form bedienen, und zwar einer, die mit dem Inhalt übereinstimmt.

Dazu muss natürlich geklärt werden, was man heute überhaupt als Post-Postmoderne versteht. Bevor wir uns dem aber zuwenden, beginnen wir mit einer kurzen, modernistischen und rein deskriptiven Einführung über das Wesen und die Eigenschaften der *Narration*, und welchen Einfluss die Tatsache, das wir uns im Alltag über Geschichten und Erzählungen orientieren, auf die Psychologie, Philosophie und Soziologie hatte. Dies als Grundlage beginnen wir dann, langsam die Bedingungen zu erzeugen, um spätestens im Kapitel „Überwinde die Postmoderne“ ein neues *Narrativ* hervorzubringen, welches womöglich post-postmodernen Strukturen gerecht werden kann.

EINLEITUNG

Wir alle erzählen uns einen Großteil des Tages Geschichten. Geschichten über unsere Erfahrungen, unsere Vergangenheit und unsere Zukunft. Wir erzählen Geschichten über die Welt in und mit der wir leben, über Gott und Evolution, Wissenschaft und Kunst. Wir erzählen unsere favorisierten Philosophien und Weltdeutungen. Wir erzählen, wer wir selbst und wer unsere Freunde sind und welche Rollen wir in der Gesellschaft spielen. Wir sind Geschichten erzählende Lebewesen, ganz unabhängig davon, mit welchen Datenmengen oder Erhebungen wir welche Geschichten wissenschaftlich untermauern. Nur durch Geschichten versinnbildlichen wir die Erkenntnisse der Wissenschaft.

Nur durch Geschichten formen wir in subjektiver Hinsicht einen Lebenssinn, in dem wir aus einer Vielzahl von Ereignissen unserer Vergangenheit ein paar bestimmte herauslösen und sie auf eine besondere Weise mit zukünftigen, hoffentlich eintretenden Ereignissen verbinden. Nur durch Geschichten (und Narrative) erzeugen wir einen historischen Kontext und formen aus den vergangenen Ereignissen, seien sie lokal, regional oder global, einen Sinn; überhaupt ist Geschichte als Disziplin nicht denkbar ohne bestimmte Schemata, Muster oder Narrative, durch die wir einen Zugang zu vergangenen Zeiten und kulturellen Entwicklungen finden. Die entsprechende Frage, wer über die geschichtlichen Narrative bestimmt, ist gar nicht so einfach zu beantworten, vor allem im Kontext gegenwärtiger Entwicklungen in der Politik. Der soziale Konstruktivismus hat mittlerweile auch in die amerikanische Politik Einzug gefunden. Es ist etwa ein Kennzeichen der amerikanischen Politik seit den 70ern, dass die Geschichtsschreibung und Darstellung mittlerweile grundlegend von der Realität entkoppelt ist. Tatsachenbeschreibungen werden absichtlich zugunsten willkürlicher Narrative aufgegeben, und die mediale Selbstdarstellung amerikanischer Politiker hat nichts mehr mit ihren tatsächlichen Handlungen zu tun. Das Zeitalter der narrativen Konstruktion ist in voller Blüte.[1]

Nur durch Geschichten und Narrative verstehen wir andere Menschen und Kulturen, andere Werte und Lebensentwürfe, verstehen wir Zeitgeist. Wir kondensieren – als Menschen ebenso wie Gesellschaften – durch unsere Entscheidungen und unser Tun die Geschichten, durch die wir uns selbst und andere identifizieren können, durch die wir klare Vorstellungen haben, wie wir uns in Zukunft entscheiden können und sollen. Wie etwa die Geschichte unseres Liebesglückes, die hier im Westen im Wesentlichen noch in Form der Monogamie und Zweisamkeit erzählt wird und in der Form der Hindernisse, die überwunden werden müssen, um zur Vollendung (zum Happy End) zu kommen, sowie den Dramen, die sich mit dem Scheitern der Monogamie entfalten können. Wir alle kennen unzählige Varianten dieser Geschichte durch Bücher, Filme, Songs, und wir alle verfügen über persönliche Erfahrungen und unsere Weisen, wie wir diese Geschichte

1. Vgl. Heather Cox Richardson, *To Make Men Free: A History of the Republican Party*, 2014

erzählen. Doch man darf nicht vergessen, dass diese Geschichte selbst ein Konstrukt ist, die irgendwann im alten Babylon als eine Form des Wirtschafts- und Gütervertrages ohne jegliche romantische und erotische Verknüpfung begann, dann von Platon philosophisch untermauert und erzählt wurde als ein menschliches Universal, als etwas, durch welches wir durch die Macht des Eros unsere Ganzheit durch und mit dem ergänzend Anderen finden;[2] welche dann im Mittelalter zu einer kirchlich institutionalisierten Kontrollinstanz für sexuelles Verhalten wurde und welche schließlich im letzten Jahrhundert auch ihre wissenschaftliche ‚Begründung' sowohl durch Primatologie als auch z. B. Jung´sche Psychologie fand – bis auch diese Erkenntnisse wieder dekonstruiert und neu erzählt wurden.[3] Und doch: Es bleibt eine Geschichte, so sehr wir sie begründen wollen, und eine Narration, die irgendjemand erfunden wurde, um uns die Welt verständlich und letztlich handhabbar zu machen. Monogamie ist kein Universal, sondern eine Weise, die soziale und psychologische Komplexität des Liebens zu bündeln, und damit letztlich ein Grenzfall menschlicher (Intim-) Beziehungen. Wir können sie, so wissen nicht nur Anthopologen, sondern auch Reisende durch Länder aller Welt, auch anders erzählen. Folgt man dem Atlas der Weltkulturen, folgen nur 17 der etwa 600 gegenwärtigen Kulturen dieser monogam ausgerichteten Liebesgeschichte.

Dass aber solche Geschichten, und sei es jetzt die der Monogamie, ganz eng an unsere Lebenswelt und unsere

2. Vgl. Thomas Schroedter & Christan Vetter, *Polyamory*, 2010
3. Vgl. z. B. Christopher Ryan, *Sex at Dawn*, 2011

Wahrnehmungen und Emotionen gebunden sind, ist ebenso leicht zu zeigen. So war es eben Theodore Sarbin, einer der Begründer der narrativen Psychologie, der erkannte, dass solche Narrationen für uns die Gefühle sowie die Vorstellung einer Wirklichkeit bestimmen, und damit wie es sich anfühlt, in dieser Wirklichkeit zu leben.[4] Wir leben, so erkannte er, nach bestimmten kulturell überlieferten narrativen Handlungsabläufen. Sarbin erkannte, dass das Narrativ eine Art ‚Wurzel-Metapher' ist und zeigte, dass Narrative schon wirken, bevor Sprache als ein natürlicher Modus, die subjektive Welterfahrung zu konstruieren und zu verstehen, auftritt. Es lässt sich sagen: Solche Erzählungen, solche Narrationen dienen als Blaupausen, mit denen wir Ereignisse auf bestimmte Weise interpretieren und emotional belegen und wie wir uns selbst, andere und die Welt deuten und verstehen.

Die Ursprünge der *narrativen Psychologie* finden sich dabei in den ersten Regungen der Postmoderne, als Frederick Charles Bartlett sein Grundlagenwerk der Schema- und Gedächtnisforschung vorlegte[5] und erstmals die Funktion des Geschichtenerzählens für die Gedächtnisbildung beschrieb. Generell werden in der narrativen Psychologie Narrative als sinnstiftende Tiefenstrukturen des Geistes betrachtet, durch die wir bestimmte Ereignisse und Phänomene unserer subjektiven Wirklichkeit zu Erfahrungen eines bestimmten Typs machen. Durch Narrationen erzeugen wir einen Zusammenhang in den Ereignissen unserer

4. Theodor Darbin, Narrativ *Psychology*, 1986; vgl. auch Jenfrey Pence, *Narrative Emotion: Feeling, Form and Function*; in: Journal of Narrative Theory, Vol. 34 2004
5. Frederic Charles Bartlett, *Remembering*,1932

Innenwelt und Umwelt, die ohne sie, ihrer Natur nach, einfach auftauchen und verschwinden würden, ohne für uns einen Sinn oder Erinnerbarkeit zu erzeugen.[6] Das heißt, Narrative ermöglichen die Zusammenführung und das in-Beziehung-Setzen bestimmter Ereignisse und erzeugen so eine zeitliche und kausale Kohärenz.[7] Wieso wählen wir beispielsweise aus einer Vielzahl von vergangenen Ereignissen aus unserem Leben nur ein paar bestimmte aus und konstruieren damit unsere Geschichte? Warum sind uns bestimmte Ereignisse wichtiger als andere, und warum ziehen wir bestimmte Narrationen anderen vor, obwohl leicht ersichtlich sein sollte, dass die Wahl des Narrativs von einem subjektivistischen oder existenziellen Standpunkt stets auch anders möglich ist. In diesem Sinne wird dann narrative Konstruktion als ein Modus verstanden, durch den wir – meist unbewusst und gewissermaßen *en passant* – unsere Identität,[8] unser Verständnis der Umwelt und unser Verhältnis zu ihr erzeugen.[9]

Ganz allgemein gesagt nutzen wir im Alltag Narrative, um unsere Lebenswirklichkeit zu strukturieren. „Tatsächlich alles menschliche Wissen basiert auf Geschichten vergangener Erfahrungen, und neue Erfahrungen werden auf Basis alter Geschichten interpretiert".[10] Kontinuierlich erzählen wir uns selbst und anderen, wie wir bestimmte Ereignisse interpretieren, welche zukünftigen Ereignisse

6. Siehe Gergen, *Narratives of the Self*, in: Studies of Social Identity, 1983
7. Hoshmand, *Culture, Psychotherapy, and Counselling*, 2005
8. Siehe Gergen, *Narratives of the Self*, in: Studies of Social Identity, 1983
9. Vgl. Bruner, *Narrative Construction*, in: Critical Inquiry, 1991.
10. Schank und Abelson, *Knowledge and Memory*, 1995

wir uns erhoffen und wie wir damit umgehen, wenn diese Ereignisse nicht eintreten. Wir erzählen uns, welche Ereignisse wir anstreben und welche nicht. Berne zeigte,[11] dass solche Narrationen – sei es mittels Märchen, Mythen oder durch den Charakter und die Verhaltensweisen von Eltern und nahen Verwandten, Freuden und Bekannten – schon in den ersten Lebensjahren des Kindes konditioniert werden und so – im Hintergrund wirkend – die Struktur bereitstellen, nach denen sich der Verlauf des Lebens entfaltet, verdichtet und verwirklicht. Solche narrativen Lebenspläne wirken dann wie Muster des subjektiven und sozialen Lebens, die bestimmen, welche Rollen wir einnehmen, welche Ziele wir verfolgen und mit welchen Menschen wir uns umgeben wollen. Wenn unsere persönlichen Narrative dann mit denen anderer Menschen kompatibel sind, treten wir in einen Tanz ein, der zu all den gesellschaftlichen Formen mit all dem Drama, der Tragödie, der Komik und der Romantik führt, die das Leben bereitstellen kann. Hier setzt auch die narrative Therapie an, die historisch in der sogenannten ‚konstruktivistischen Wende' der systemischen Therapie wurzelt und ab Mitte der 80er Jahre des letzten Jahrhunderts eine klare Form bekam. Aus therapeutischer Perspektive werden hier Probleme und Krisen im Kontext bestimmter dominanter Selbst-Erzählungen und Geschichten erkannt, die die Patienten rund um spezifische Lebens-Ereignisse, ihr eigenes Selbst als Person, ihre Biografie und ihre Beziehungen kreieren.

Dan McAdams entwickelte Ende der 80er Jahre einen theoretischen Rahmen, um die persönlichen Lebensnarra-

11. Eric Berne, *Was sagen sie, nachdem sie ‚Guten Tag' gesagt haben?*, 1972

tive deuten und analysieren zu können. Er kombinierte dabei Eriksons Entwicklungsmodell mit seiner eigenen Forschung zur narrativen Typologie und erzeugte so ein Modell in Bezug auf die normale und unnormale Identitätsentwicklung. Die Lebensgeschichte, in der sich die Identität verdichtet, besteht seinem Modell nach aus vier Elementen: Kleinstepisoden, Imagos, Weltanschauungen und Skripts. Mitte der 90er Jahre hat dann James Pennebraker die linguistischen Eigenschaften von Narrativen, das heißt ihre sprachliche Struktur untersucht. Er war es, der als Erster einen rein therapeutischen Ansatz vertrat und untersuchte, inwieweit die Qualität bestimmter Narrative mit geistiger Gesundheit zusammenhängt. Er verlangte etwa von seinen Patienten, dass sie ihre Traumata in Form von Geschichten niederschreiben und analysierte die darin vorkommenden Narrative und regte sie dann an, diese Geschichte nach und nach umzuschreiben.

Bruner, ein weiterer Pionier der narrativen Psychologie, unterschied derweil das narrative von dem rein wissenschaftlichen Denken.[12] Er argumentierte, dass Narrative hinter allen systematischen Theorien liegen und die Grundvoraussetzung bereitstellen, auf deren Basis eine Theorie evaluiert wird. Seine empirischen Studien untersuchten die ‚narrative Natur des Wissens'. Bruner zeigte u. a., wie das Thema einer Studie und deren Resultate von ganz bestimmten Narrativen beeinflusst werden. So bestand etwa in den 30er Jahren des 20. Jahrhunderts die vorherrschende Geschichte über die Kultur der amerikanischen Ureinwohner, den Indianern, darin, dass sie von

12. Vgl. auch Bruner, *Actual Minds, Possible Worlds*, 1986

einer idyllischen Vergangenheit zu einer gegenwärtigen Desintegration hin zu einer vollkommenen Assimilation als Endpunkt führt. Viele Anthropologen gingen davon aus, dass man diese Kultur untersuchen müsse, bevor sie vollständig verschwindet. Mit den 70er Jahren aber änderten sich die Narrative und damit auch die Betrachtungsweise der amerikanischen Ureinwohner, in der es nun um Befreiung, Unabhängigkeit, Identität ging, an deren Endpunkt eher ein Neuanfang stand.[13] Andere Forscher konnten auf der Basis von Bruners Arbeit zeigen, dass wissenschaftliche Arbeit genauso empfindlich von Narrativen abhängt wie jede andere Form sozialer Kommunikation. Narrative bestimmen die Forschungsthemen und Forschungsresultate.[14] Folgt man etwa Donna Haraway, so gibt es zu jedem Zeitpunkt immer nur eine begrenzte Anzahl von Welten in der menschlichen Gesellschaft. „Diese möglichen Welten als anerkannte Bedeutungssysteme haben einen starken Einfluss darauf, was in einer gegebenen wissenschaftlichen Disziplin zu einem gegebenen Zeitpunkt erzählt werden kann und was als gute Geschichte gilt."[15] Sie nutze dabei ein Beispiel aus der Primatologie, um diesen Punkt zu illustrieren: Zunächst beschäftigten sich die Forscher hier mit Hierarchien und Fragen der Rivalität und des Territoriums. Doch als gesellschaftlich die Rolle der Frau an Wert und Ansehen zunahm, tauchten auch neue Themen in der Primatologie auf, die einen Bezug zu weiblichen Werten hatten, nämlich

13. Vgl. Janos Laszlo. *The science of stories*, S. 28
14. A. a. o.
15. Haraway, *Simians, Cyborgs and Woman*, 1991.

etwa die Weise, wie für den Nachwuchs gesorgt wird, Kooperationsverhaltensweisen und die Bindung zu der Mutter.[16]

Auf der anderen Seite ist die Wahl des Narrativs auch immer stark von Zeitgeist und sozialer und kultureller Tradierung abhängig. Aus *sozialer und anthropologischer Perspektive* können wir nur unter Zuhilfenahme von Narrativen in Sprechakte eintreten. Eine solche Narration transportiert dann sowohl Inhalt als auch Kontext und überführt Erlebtes in bekannte Kategorien, ohne die das subjektiv Erlebte nicht verständlich wäre. Solche Erzählungen geben dann auch Aufschluss über die Werte, Normen und Vorstellungen. Sie definieren unsere Werte und Prioritäten, die Fragen, die wir uns stellen, und die Optionen, die wir erwägen. Sie formen die politischen Debatten, unsere Institutionen und unsere Interpretationen gegenwärtiger Ereignisse. Im sozialen Kontext geht es dann weniger um die Frage, was geschieht, sondern darum, in welche Erzählstrukturen es eingebunden wird, um es zu verstehen. Wir können, und dies ist inzwischen ja Common Sense, ein gegebenes Phänomen stets auch anders erzählerisch einbinden, und für zwei Personen oder Kulturen mag ein- und dasselbe Ereignis zwei vollkommen verschiedene Erfahrungen und Reaktionen auslösen. Man denke an die Juden Israels, für die das Jahr 2008 den sechzigsten Jahrestag ihrer Unabhängigkeit bedeutet, während es für die Palästinenser der sechzigste Jahrestag der *Nakba* ist, der katastrophale Moment des Verlustes nationaler Erfüllung und Identität. Diese auseinanderdriftenden Interpretationen basieren auf

16. Vgl. Janos Lászlo, 2008, S. 15

kulturell gewachsenen Erzählungen und Narrativen, die das kollektive Gedächtnis von jungen Israelis und Palästinensern im Kontext von Identitätsentwicklung und nationalem Konflikt formen.[17]

Insofern hat jede Gesellschaft ihre eigene ‚historisch kristallisierte Geschichte',[18] die mit der ihrer Mitglieder eng verwoben ist und sie formt auf diese Weise Narrative für kommende Generationen. Assman und Marshak zeigten, wie solche Narrative im Rahmen der kulturellen Evolution auftauchen, um den Prozess der Anpassung an sich verändernde soziale Bedingungen und die Organisation von ethnischen Gruppen zu gewährleisten. Assman prägte in diesem Zusammenhang den Begriff des *kulturellen Gedächtnisses*, der „die Tradition in uns bezeichnet, die über Generationen, in jahrhunderte-, ja teilweise jahrtausendelanger Wiederholung gehärteten Texte, Bilder und Riten, die in unser Zeit- und Geschichtsbewusstseins, unser Selbst- und Weltbild prägen." Es lässt sich so keine Gruppierung zeigen, in der sich nicht Formen der Geschichtskultur nachweisen lassen würde. Israel, hat sich als eine der ersten Erinnerungskulturen unter „dem Imperativ ‚Bewahre und Gedenke' konstituiert und kontinuiert'.[19] Dieser Imperativ wirkt dann wie ein Narrativ, an das bestimmte Verhaltensweisen gekoppelt sind und die für die einzelnen Mitglieder der Gemeinschaft sinnstiftend sind.

17. Vgl. Hammack, *Narrative as a root Metaphor for political psychology*; in: Political Psychology, Vol. 33. No.1. 2012

18. Vgl. Janos Lászlo, *The Science of Stories*, 2008

19. Jan Assmann, *Das kulturelle Gedächtnis*, S. 30

Kenneth J. Gergen etwa verortete Narrative ausschließlich im sozialen und kommunikativen Bereich und zeigte mit seinem *sozialen Konstruktivismus,*[20] wie wir mit anderen Menschen gemeinsam Sinn und Wirklichkeit erzeugen. Im Dialog erzeugen wir Gegenwart, Vergangenheit und Zukunft. Wort wie ‚richtig' und ‚falsch' zeigen nur auf bestimmte Sprachspiele und kulturelle wie intersubjektive Zusammenhänge. Gergen verkündete dabei selbst den Tod des Subjektes und ging davon aus, dass die Welt, die wir linguistisch erzeugen, nichts anderes als die psychologische Realität selbst ist – und dass Geist und Bewusstsein lediglich Epiphänomene von Kommunikationsphänomenen sind. Gergen entwickelte diesen sozialen Konstruktivismus gewissermaßen auch als Antithese zum radikalen Konstruktivismus, der besagt, dass das Nervensystem seine eigene Wirklichkeit erzeugt und in der das Primat auf der neuronal bedingten Kognition liegt.

Wie im Übrigen auch die Medien, wie Niklas Luhmann zu berichten wusste. Durch ihre eigenen Mechanismen verarbeiten sie ihre narrativen Themen und erzeugen so unser Bild der Wirklichkeit, sei es nun via Nachrichten, sei es via Film, Musik oder Internet. Was wir von der Welt wissen, so Luhmanns berühmtes Diktum, wissen wir durch die Massenmedien. „Das gilt nicht nur für unsere Kenntnis der Gesellschaft und der Geschichte, sondern auch für unsere Kenntnis der Natur. Was wir über die Stratosphäre wissen, gleicht dem, was Platon über Atlantis weiß: Man hat davon gehört. Oder, wie es Horatio ausdrückte: So I have heard, and do in part believe it."[21] So zeigen die

20. Vgl. Gergen, *Konstruierte Wirklichkeiten*, 2002

Medien nicht nur, welche Ereignisse vorgeblich berichtenswert sind (und welche nicht), sondern sie zeigen uns und führen uns vor, wie wir über sie sprechen können. Ereignisse, die nicht in einen bestimmten narrativen Grundzusammenhang fallen, werden schlicht ausgefiltert. Erbauliche Geschichten über die Rettung eines Höhlenforschers werden den Geschichten über Hungersnöte im Sudan vorgezogen. Und wenn am Ende des Vorrundenaus der spanischen *Seleccion* bei der WM 2014 die Medien einhellig das Ende einer Ära verkünden, muss man sich fragen, wie die Feinabstimmung der Medien mittlerweile so gut funktioniert, dass alle ins gleiche narrative Horn blasen: Schließlich hätte es auch nur ein kurzer Aussetzer von David Silva gewesen sein können, der es nicht geschafft hat, den Ball erfolgreich zum 2:0 ins Tor zu spielen. Doch all dies ist freilich Schnee von gestern. Und wie Luhmann lakonisch festhält: Die Sau wurde durchs Dorf gejagt, und eine neue Geschichte bestimmt die Medien. Ein morgendlicher Blick auf Facebook bestätigt im Übrigen diese Überlegungen.

Solche Narrative bestimmen nun aber nicht nur die Art und Weise, wie wir durchs Leben reisen, sondern, wenn wir beginnen, unser Verhalten zu reflektieren, welche *Ethik und Philosophie* wir als die unsere annehmen, oder gar welcher Weltsicht und Kosmologie wir folgen. Berühmterweise bezeugte Lyotard ja in seiner Betrachtung der Postmoderne das Ende der großen modernen Narrationen oder Metaerzählungen, durch die wir unser Verhalten und Streben im Alltag, aber auch unsere groß angelegten

21. Vgl. Niklas Luhmann, *Die Realität der Massenmedien*, 2003

gesellschaftlichen Projekte rechtfertigen. Solche Metaerzählungen sind dann etwa der Fortschrittsgedanke, die All-Erklärbarkeit durch die Wissenschaften oder die Möglichkeit absoluter Freiheit. Lyotard erkannte, dass diese großen Narrative nicht mehr ausreichen, um all unsere unterschiedlichen Lebenswirklichkeiten zu rechtfertigen oder zu umfassen – ja, dass sie letztlich eine Illusion sind. Jeder hat seine eigene Perspektive, und der Wahrheitsbegriff wird aufgeweicht. Dementsprechend tauchen viele kleine Narrative auf, die durchaus miteinander konkurrieren können, so wie die Träger dieser Narrative fragmentieren und soziale Ichs und soziale Praktiken ausformen können, die miteinander im Konflikt stehen können. Dass Lyotard dabei gewissermaßen einem Widerspruch verfiel und mit dem Ende der *Grand Narratives* postwendend eine neue große – eben postmoderne – Erzählung namens Dekonstruktion schuf, ist dabei nicht ohne Ironie, denn genau dieser *performatistische* Widerspruch war es, der sich, wie wir sehen werden, narrativ in so viele Kleinigkeiten des Alltags und der Philosophie einschlich.

Andere philosophische Ansätze, wie der von Dieter Thomä, gehen davon aus,[22] dass Narrative an sich nicht ausreichen, um ethisch leben zu können. Für ihn gilt, dass das unerwartet Episodenhafte in gewisser Hinsicht durch den Versuch getilgt wird, alles einer Lebensgeschichte unterzuordnen. Erzählerische Ordnung sei nur das halbe Leben. Thomä plädiert für die von Aristoteles und Rousseau entlehnte Idee der ‚Selbstliebe' als praktische Selbstbeziehung, die die Erzählung erlaubt, ohne dabei zu

22. Dieter Thomä, *Erzähle Dich selbst*, 2007

stringent und absolut durchgeführt werden zu müssen. Diese Selbstliebe ermöglicht eine Position, durch die man einen Handlungs- und Identitätsspielraum gewinnt.

In anderer Hinsicht wurde schon vielfach der Zusammenhang von persönlichen Narrativen des Philosophen, seinem Temperament und seiner expliziten Philosophie aufgezeigt.[23] Das eine kann nicht ohne das andere gedacht werden. Jede Philosophie wurde durch die Geschichte und Erfahrung des Philosophen geprägt und wirkte zurück auf die Kultur, aus der der Philosoph kam. Wir können nicht anders, als auf Geschichten zurückzugreifen, wenn wir uns die Welt erklären. Dieser Zusammenhang wird umso deutlicher, wenn man sich vergegenwärtigt, dass es ja die vor-sokratischen Denker waren, die den kommunikativen Diskurs erfanden und *logos* – was damals Geschichte, Diskurs und Denken meinte – vom *mythos* trennten. Bis zu diesem Zeitpunkt waren Mythos und Logos, Imagination und Denken, noch nicht unterschieden. Es war der Mythos, der die Wahrheit offenlegt, der alles hervorbringt, was ohne ihn verborgen ist und ihm eine Form und greifbare, visuelle Dinghaftigkeit gibt. Das Resultat dieser Trennung von Mythos und Logos war, dass der allgemeine Begriff des Logos nur noch den philosophischen Diskurs meinte; der poetische und rhetorische Ausdruck bekam einen quasi negativen und auf jeden Fall sekundären Status. Wahrheit war ab dann nicht mehr Ausdruck des lebendigen Mythos, sondern das Resultat des analytischen Diskurses. Mit den griechischen Philosophen wurde insofern die Sprache des

23. Vgl. z.B. Weischedel, *Die Philosophische Hintertreppe*, 2005; Sloterdijk, *Philosophische Temperamente*, 2011

Mythos neuen syntaktischen Regeln unterworfen und damit neue Erfahrungsbereiche erschlossen. Daran erkennt man aber auch, dass es eine Grundmodalität unseres Seins ist, uns die Welt via Geschichte zu erzählen. Wahrheit nur als das Resultat analytischen Denkens zu betrachten ist historisch betrachtet eine relativ junge Entwicklung.[24]

Wie man an diesem kurzen Streifzug durch das narrative Forschungsfeld leicht erkennt, erleben wir gesellschaftlich derzeit eine, wie es Richard Rorty nannte, ‚linguistische Wende' (manchmal auch ‚narrative Wende' genannt), die in zunehmender Weise auf unseren gesellschaftlichen Dialog Einfluss nimmt. Gesellschaft ändert kontinuierlich seine Geschichten, dekonstruiert alte, und erzeugt neue: Homosexualität ist nicht mehr wider die Natur, Cannabis ist nicht mehr schädlicher als Alkohol, Frauen sind genauso schmutzig, aggressiv und sexuell wie Männer … überhaupt, was soll das sein, ‚Mann' und Frau', jenseits von alten und kulturell tradierten Erzählungen, die wir bestimmten biologischen Merkmalen anheften? Zudem wissen wir heute, dass wir, um so große Probleme wie Klimawandel, Wirtschaftskrise, Armut und Hungersnöte oder eben auch so persönliche Krisenfelder wie romantische Beziehungsstrukturen zu lösen, auch unsere Weise ändern können, wie wir diese Dinge narrativ beschreiben.

Dies vorliegende Buch soll nun keine Antworten auf all solche drängenden weltlichen Fragen oder Probleme bieten. Mir geht es wie gesagt vielmehr darum, einen Schritt weiterzugehen und ein narratives Bewusstsein zu beschreiben oder zu provozieren, welches aus sich selbst heraus

24. Vgl. Walter F Fisher, *Narrative Paradigm*, 1987

narrative Problembeschreibungen, Lösungen und Möglichkeiten finden kann. Tatsächlich geht eine Krisenbewältigung weltlicher Probleme immer einher mit einer Veränderung innerer, subjektiver psychischer Formen. Sobald wir versuchen, etwas in der Welt zu ändern, ohne uns selbst zu verändern, müssen wir notwendigerweise scheitern. Wir können nicht zu anderen Verhaltensweisen in der Welt kommen, wenn wir nicht unser Denken, unsere Beobachtungen oder unsere Perspektive ändern. Narratives Bewusstsein heißt, über die kognitive Kapazität zu verfügen, innere Narration – und damit einhergehend Perspektiven, Denken und Beobachtungen – zu verändern, um seine Zukunft – und das heißt auch: subjektive und soziale (intersubjektive) Wirklichkeitserfahrung – ändern zu können. Womöglich werden wir dann auch Wege finden oder umsetzen können, die Probleme der Welt anders anzugehen. Auf diese Weise versuchen wir hier ein integratives oder meta-narratives Bezugsmodell zu erzeugen, von dem alle weltlichen narrativen Praktiken und Verfahren ableitbar sind, denn mit allen Problembeschreibungen und Lösungen ist ja das Bewusstsein unmittelbar verknüpft. Wie wir sehen werden, hat so ein narratives Bewusstsein gravierende Konsequenzen für Philosophie, die Art, wie wir über uns und die Welt nachdenken sowie damit auch dafür, wie wir das begreifen können, was womöglich ‚nach' der Kultepoche der Postmoderne geschieht. Womöglich lässt sich sogar argumentieren, dass ein narratives Bewusstsein über Aspekte verfügt, die für die menschliche Evolution des Bewusstseins notwendig sind. Als Menschen werden wir uns zunehmend der psychologischen und sozialen Faktoren bewusst, durch die und mit denen wir unseren Lebensalltag gestalten, unsere Weisen der Weltdeutung und die expliziten und impliziten Normen unseres Handels. Womöglich ist die Bewusstwerdung unserer Weisen der Weltdeutung über Narrationen und Narrative nicht nur eine individuelle Angelegenheit, sondern Teil der kulturellen und uns alle betreffenden Bewusstseinsentwicklung.

In diesem Sinne ist das Forschungsfeld von Narrativ und Narration ganz eng mit der Postmoderne verknüpft; und auch wenn wir später genauer auf die Perspektiven und Probleme, die mit dem Begriff der Postmoderne einhergehen, eingehen werden, so kann man doch schon hier festhalten, dass die narrative Theorie eben auf dem ‚linguistic turn' basierte, d. h. dem Ansatz, Sprache und Sprachspiele selbst zu beobachten und die inhaltlichen wie formalen Aspekte der Sprache zu untersuchen, und wie sie zu dem, was man eben die Repräsentation der Wirklichkeit nennt, beitragen.[25] Da wir hier aber intendieren, die narrative Theorie auf das Bewusstsein anzuwenden, wollen wir hier von einer ‚kognitiven Wende' sprechen und nun herausfinden, was es bedeutet, die subjektive Wirklichkeit durch die willentliche Veränderung der Narrative selbst zu verändern.

25. Vgl. Whorf, *Language, Thought and Reality*, 1956

WENDE DICH DER PSYCHE ZU

„Erzählen“, schrieb einst der Mathematiker und Psychologe George Spencer-Brown, „kommuniziert in keiner Weise Wissen, welcher Art auch immer. Es tat es nie, konnte es nie, und wird es niemals tun. Der *einzige* Weg, auf dem Wissen mitgeteilt werden kann, ist durch Befehl und Betrachtung“.[26] Will man also wissen, wie es ist ein Buch zu schreiben, reicht die eloquenteste Beschreibung nicht aus. Die einzig befriedigende Art, herauszufinden was es bedeutet, ein Buch zu schreiben, besteht darin, der Anweisung „Schreibe!“ zu folgen, und die Ergebnisse dessen zu betrachten. Nur durch diese Verfahrensweise kann man die Erfahrung machen und kann wirklich wissen. Dasselbe gilt für ein narratives Bewusstsein. Will man wissen, was es bedeutet, über ein narratives Bewusstsein zu verfügen, muss man sich zunächst dem Bewusstsein und der Psyche selbst zuwenden, muss sich diesem Erfahrungsbereich öffnen.

Spencer-Browns Hauptwerk *Laws of Form*, in dem er Logik, Erkenntnistheorie und Mathematik zusammenführte, beginnt übrigens selbst mit der psychologischen Anweisung: „Triff eine Unterscheidung“. Das Revolutionäre an dieser Verfahrensweise war, dass es als ein mathematisches Minimalkalkül gleichzeitig Zugang zu einer Mathematik des Bewusstseins ermöglichte, da nämlich bestimmte mathematische Operationen nur dann

26. Vgl. Spencer Brown, *Laws of Form*, 1969

verständlich werden, wenn man bestimmte Kognitionen vornimmt. Die *Gesetze der Form* stellten somit einen algebraischen Symbolismus bereit, der die Wurzel der Kognition erfasst; Entwicklungen in der Kybernetik, Philosophie und Systemtheorie wären ohne diesen Ansatz undenkbar gewesen. Bemerkenswert dabei ist freilich diese Verführung Spencer-Browns, in der er Mathematik und Psychologie zusammenführte: Wenn auch formale mathematische Wahrheiten ewig wahr und universell sind, so hängt es doch auch vom menschlichen Beobachter ab, welche Operationen vorgenommen werden. Auch die Mathematik ist ohne den Beobachter nicht *denkbar*. Schließlich beruhen auch die Ideen von ‚Zahlen' als diskrete Einheiten und bestimmten ‚Operatoren' notwendigerweise auf psychischen Konzeptionen – addieren, subtrahieren, multiplizieren etc. – und damit dem Design und der Architektur des Denkens, den sozialen Weisen der Weltbetrachtung und der generellen Funktionsweise unseres Nervensystems. Ändert man einen dieser Faktoren, so ändert sich auch die Mathematik. Mathematik mag insofern zwar die ‚härteste' aller Disziplinen sein; doch auch sie konvergiert mit dem Subjekt, durch welches allein sie anwendbar wird.

Weil Mathematik und Psychologie insofern auf so intime Weise miteinander verknüpft sind, lassen sich auch ein paar generelle Aussagen des Einen durch das Andere versuchen. Wir kommen, auf einer ganz basalen Ebene, nur zu bestimmten mathematischen Wahrheitswerten oder psychologischen Erfahrungswerten, wenn wir bestimmte Operationen durchführen, wenn wir bestimmte Anweisungen und Experimente durchführen und uns die Resultate anschauen. Eine Mathematik, die nicht praktiziert wird, ist sinnlos. Und auch Erfahrungen lassen sich nicht machen, wenn man über das Handeln nachdenkt. Man muss handeln, und ohne Handlungserfahrung wäre das Leben sinnlos. Freilich kann auch die Reflexion des Handels eine Erfahrung sein. Doch niemand wird neue Erfahrungen machen können, wenn man nicht das Resultat der Reflexion wieder in die Welt überführt. Insofern liegt hier die Wurzel dessen, was wir zunächst als Dualität von Handeln und Beobachten festlegen können, und das wir später und differenzierter als die sich gegenseitig bedingende philosophisch-spirituelle Zweiheit der Dualität und Nondualität wiedererkennen werden: Der Erfahrungsbereich der Welt der Form und der Formlosigkeit, in dem, wie es im Buddhismus heißt, *Sackski*, das reine Zeugenbewusstsein, gegenwärtig ist. Jenes Zeugenbewusstsein, welches nicht nur die Welt der Form und Formlosigkeit unterscheiden und ungebunden betrachten kann, sondern welches selbst ein integraler Part der Formlosigkeit selbst ist.

Für den Moment aber wollen wir bei der Inbezugsetzung von Mathematik und Psychologie bleiben. Vergegenwärtigen wir uns, dass wir in der Mathematik ganz grundlegend zwischen den Zahlen und den Operatoren unterscheiden können; hier hat man die Menge aller Zahlen, letztlich in *potencia*, darauf wartend, dass bestimmte Operatoren angewendet werden, um zu wahren und notwenigerweise auch falschen Ergebnissen zu kommen. Diese Menge aller Zahlen bildet gewissermaßen den Hintergrund der mathematischen Arbeit, bis der Mathematiker seine Verfahren beginnt. Dieser Hintergrund ist rein spekulativ. Wir können nicht alle möglichen Zahlen denken, sondern nur die abstrakte Vorstellung der Menge aller Zahlen, indem wir die Komplexität der Menge aller Zahlen auf eine simple Vorstellung reduzieren. Und doch sind alle Zahlen potenziell da; wir können eine nennen und sie zählt zu der Menge aller Zahlen. Dieser Zusammenhang ist ganz ähnlich, was psychologische Phänomene angeht.

Auch hier bei der Psyche ist erst einmal die Gesamtheit der denkbaren Formen, also die Menge möglicher kognitiver Formen und Inhalte, Gedanken und Vorstellungen, nur potenziell vorhanden. Auch hier muss der Beobachter, sei es der laienhafte oder der professionelle Psychologe, aus der Unbestimmtheit heraus konkrete Formen und Strukturen bilden. An und für sich sind alle psychischen Formen und Inhalte zunächst formlos, vergleichbar einer potenziellen und inkohärenten Menge. Doch sie bilden die Grundmenge – vielleicht sollte man sagen: das subtile psychische Substrat – aus dem heraus die konkreten psychischen Formen, wie etwa die konkreten Gedanken und Vorstellungen, erzeugt werden.

Mit anderen Worten: Es gibt hier in der Domäne des Geistes nicht wirklich ein ‚Ich', ‚Es' und ‚Über-Ich', keine Entwicklungsstufen, Qualia oder Zustände, keine ‚Teilselbste' oder ein ‚Unbewusstes', keine Gedanken und keine Vorstellung. Dies sind an sich Schemata, um psychisches Geschehen zu beschreiben und zu strukturieren, *wobei diese Schemata selbst psychischer Natur sind.* Wir formen sie, um weitere Formen zu erzeugen; wir können diese Schemata, Strukturen und Formen erzeugen, wenn wir als Beobachter des Psychischen bestimmte Operationen vornehmen.

Doch ihnen zugrunde liegt eine psychische Substanz, aus der sie geformt werden.

Es ist klar, dass wir nur dann von solchen Formen sprechen können, wenn wir eine distanzierte Perspektive zu uns selbst und unserem inneren Geschehen – zu dem unstrukturierten, subtil psychischen Strom – einnehmen und versuchen, die unbändige Komplexität des psychischen Seins sprachlich zu reduzieren. Es sind Denkfiguren – oder wie man auch sagt: Nominalisierungen – um das Wesen oder den Strom der Psyche in der Zeit zu beschreiben, einzugrenzen und zu manipulieren; es sind vor allem Verdinglichungen psychischer Prozesse.

So wie es in Wirklichkeit keinen ‚Wasserfall' gibt, sondern nur über eine Klippe strömendes Wasser, und keinen ‚Sonnenaufgang', sondern nur die Erde, die sich um die Sonne dreht, so gib es auch kein ‚Ich' sondern nur eine Menge von psychischen Operationen und Verweisen, die letztlich ‚nur' auf sich selbst zeigen, und dabei mal mit guten, mal mit schlechten Gefühlen verbunden sind. Es gibt aber keinen psychischen Kleiderschrank, an deren Kleiderstange irgendwo das ‚Ich' hängt. Wie das meiste im Raum des Geistes ist das ‚Ego' sowohl eine Zuschreibung und ein Prozess und keine klar identifizierbare Struktur.

Wir greifen natürlich, wenn wir uns das Psychische irgendwie erschließen wollen, auf kollektiv tradierte Beschreibungsmuster zurück, um unser Inneres zu formen, zu erkennen und zu beschreiben; doch wie alle Deskriptionen sind auch diese von Mode und Zeitgeist abhängig und von Fragestellungen und Perspektiven, an die wir derzeit gewöhnt sind. Das macht andere Perspektiven und Beschreibungen des Psychischen aber nicht notwenigerweise unwahrer, sondern nur ungewohnter. Hysterie ist beispielsweise nicht mehr Teil unseres Selbstbeschreibungsrepertoires; man kann (und vielleicht muss man auch) das Schema der Hysterie der Medien- und Facebook-Kommunikationswelt zurechnen; als Selbstbeschreibung ist es etwas aus der Mode gekommen. Auf der anderen Seiten mag es ungewohnt sein, nach dem Stoff oder Substrat der Gedanken zu fragen; falsch wäre es aber nicht. Vielleicht wäre es auch viel angemessener, in Bezug auf psychische Erlebnisinhalte in einer Weise zu sprechen, wie Erik Satie seine *Gnossiens* notierte: *Ich dachte gerade wie eine Nachtigall mit Zahnschmerzen.* Tatsache aber ist: Alle distalen (oder besser: distanzierten) Selbst-Beschreibungen des tatsächlichen psychischen Geschehens sind immer hochgradig selektiv und reduzieren die Komplexität des vorher Unbestimmten. Nie ist die gesamte Vielfalt des psychischen Erlebens in ein paar Begriffe oder Beschreibungen zu überführen. Das Subjekt kann nur versuchen, so authentisch wie möglich sein Inneres durch die kulturell vermittelten Sprachmuster und Perspektiven zu beschreiben. Was aber bedeutet dann der Begriff ‚Authentizität' oder auch ‚Wahrheit' in diesem Zusammenhang? Ist nicht für die Psyche das wahr, was – in Form einer psychischen *Performance* – wahr gemacht wird; was absichtlich aus dem Unbestimmten in eine bestimmte und eben auch immer anders mögliche Form gebracht wird? Diese Frage ist womöglich einfacher zu klären als angenommen. Viel schwieriger wird es, wenn wir fragen, was dies in einem sozialen, ethischen oder gar juristischen Zusammenhang bedeutet.

Was für solche Begriffe wie ‚Ego' oder ‚Entwicklungsstufe' angeht, gilt dann freilich auch für die großen Begriffe wie ‚Psyche' und ‚Bewusstsein'. Es lässt sich leicht zeigen, dass sich die Bedeutungen dieser beiden großen Begriffe über die Jahre stark verändert haben, und dazu muss man nicht einmal weit in die Vergangenheit gehen. Allein unsere Sprache legt nahe – indem wir von ‚der' Psyche, ‚dem' Bewusstsein sprechen – dass es sich um klar abgrenzbare Formen und diskrete Einheiten handelt, die womöglich im Schädel eines jeden Hominiden verweilen, zumindest wenn man jenen Denkern folgt, die argumentieren, dass das Psychische ein Epiphänomen neuronalen Geschehens sei. Doch ist so eine Beschreibung nur deshalb wahrer als andere, weil sie gerade *up to date* ist? Und vor allem: Hindert uns so eine Sprachverwendung und Beschreibung nicht notwenigerweise bei anderen Perspektiven und Beobachtungen? Was wäre, wie einige religiöse Traditionen vorschlagen, wenn Psyche an sich keine klar abgrenzbare Einheit ist, sondern uns, in ihrem tiefsten Urgrund, alle miteinander verbindet? Wenn es nicht viele ‚Bewusstseine' oder ‚Geister' gibt, sondern in ‚Wirklichkeit' nur das eine Bewusstsein und den einen Geist. Es ist durchaus denkbar, dass die Beschreibung, Lokalisation und die Zurechnung des Bewusstseins auf die eine Person nicht nur bestimmte Beschreibungen möglich macht und andere, die indes genauso wertvoll wären, ausgrenzt und unmöglich macht, sondern im Zuge dessen auch notwenigerweise die Grundlage für bestimmte individuelle psychische Pathologien legt, die im anderen Fall gar nicht erst aufgetreten oder denkbar wären. Ob dies nun der Fall wäre oder nicht, so können wir mutmaßen, dass unsere Beschreibung des Psychischen immer von Mode, Zeitgeist und auch bestimmten kulturellen ‚Paradigmen' abhängt. Und, wie wir sehen, werden, von bestimmten Weisen, wie wir das Psychische erzählen – und damit auch Narrativen.

Wir können an diesen einführenden Bemerkungen leicht erkennen, wie rutschig die Oberfläche ist, wenn wir versuchen, einen Wahrheitsbegriff auf die Psyche und ihre Inhalte anzuwenden. Dazu brauchen wir uns noch nicht einmal mit der Begriffsgeschichte der Worte ‚Tatsache' oder ‚Wahrheit' beschäftigen, sondern vermerken, dass das Wort Tatsache nicht nur die Tat in sich birgt, sondern auch vom lateinischen *fact/facere* abstammt, was eben tun oder machen heißt. Im Kontext des Psychischen heißt dies um so mehr: Wahr ist das, was wir wahr machen. Dass in dieser Hinsicht (und im Gegensatz zur Mathematik) all das wahr ist (und wahr wird), was in und mit der Psyche erzeugt und als wahr gesetzt wird, das ist die – wenn man sie zur Gänze in sich aufnimmt – durch und durch furchtbare Erkenntnis, die am Anfang und am Ende dieses Buches steht und stehen wird. Die psychische, subjektive Weltsicht ist genau das, was man aus ihr macht. Wir können das Subjektiv-Psychische nicht ohne Beobachter denken, der durch seine Operationen seine Form gestaltet.

Werden wir uns den subtilen Abläufen unseres Inneren bewusst und lernen, darauf Einfluss zu nehmen, dann können wir erkennen, dass wir selbst für unsere eigenen Konstruktionen verantwortlich sind und die feine Linie von Wahrheit und Fabrikation verschwindet. Wir erzeugen unsere eigenen Ansichten und Beobachtungen, Meinungen, Werte und Lebenspraxen, Lebensperspektiven und Glaubenssätze. Natürlich werden sie auch intersubjektiv und kulturell überliefert. Und trotzdem sind sie, rein aus der psychischen Domäne heraus betrachtet, stets auch anders möglich. Wir bestimmen unsere Ziele, Wünsche, Hoffnungen, Begierden und subjektive Wirklichkeiten und Möglichkeiten. Auch sie sind anders möglich. Jeder weiß dies letztlich, und trotzdem schadet es nicht, es immer wieder zu hören. Wir sind für die Geschichten verantwortlich, nach denen wir unser Leben designen. Wollen wir uns einem narrativen Bewusstsein annähern – also einem Bewusstsein, welches über die Kapazität verfügt, die Narrative oder Geschichten, die es *en passant* und unbewusst nutzt, um seine subjektive Selbst- und Weltbeschreibung anzufertigen, absichtlich, intentionell oder willentlich anzuwenden – müssen wir uns der Psyche selbst zuwenden und anerkennen, dass all unsere Beschreibungen von uns selbst und der Welt stets auch anders möglich sind.

Es ist bemerkenswert, dass auch heute noch, knapp 150 Jahre psychologischer Forschung später, immer noch keine Definition der Psyche existiert und noch kein Konsens darüber besteht, was die Psyche eigentlich ‚ist', wo ihre Grenzen liegen, wie sie funktioniert oder eben aus welchem Stoff sie gemacht ist. Wir können uns auch durch eine Definition der Psyche als die Menge allen psychischen oder inneren Geschehens nicht aus der Affäre ziehen. Aber womöglich macht das genau ihren Charme aus. Sie nimmt genau die Gestalt an, die wir ihr durch unsere

Perspektiven und Beschreibungen geben, und das heißt letztlich auch: welche Geschichten und Narrationen wir als Referenzpunkt wählen. Beginnen wir in Form von ‚Entwicklungs-' oder ‚Reifestufen' der Psyche zu denken und uns in der Hinsicht auf das Narrativ der Evolution zu beziehen (also die Story, dass sich alles kausal entwickelt),[27] ordnen wir unser inneres Erleben auf andere Weise an wenn wir es in Form von Prozessen oder gar Attraktoren beschreiben, die hauptsächlich einen narrativen Gegenwartsbezug haben. Beschreiben wir sie in der freudschen Erzählung von ‚Ich', ‚Es' und ‚Über-Ich', dann aktualisieren wir sie anders und heben andere Formen ins Bewusstsein, als wenn wir sie vermittels vielfältiger ‚Teilselbste' oder ‚innerer Stimmen' beschreiben.[28]

Und doch kann und muss man hier – mehr noch als in Bezug auf die wirkliche Welt – durchaus fragen: Wo bleibt denn das ‚Über-Ich', wenn niemand daran denkt und wenn ein anderes Narrativ, eine andere Selbsterzählung gewählt wurde? Und, viel interessanter: Was ist denn die Psyche, wenn wir alle Formen und Beschreibungen, die wir von ihr erzeugt haben, alle Konzeptionen von Gedanken und Vorstellungen, Qualia, Affekten, dem Ego, Bedürfnissen, Prozessen und Strukturen, Entwicklungsstufen und Zuständen und Narrative, zunächst einmal beiseitelassen? Was dem nackten Auge der Selbstbetrachtung dann verbleibt ist ein formloses Substrat, eine Leere, deren Grenzen nicht zu erkennen sind und die bereit ist, wieder mit Form gefüllt zu werden. Doch können wir dieses formlose

27. Ich werde später detaillierter auf dies Narrativ eingehen.
28. Vgl. Hal Stone, *Du bist viele*, 1994

Substrat, diese Leere für einen Moment bezeugen, ohne sie wieder mit alltäglichen Gedanken zu füllen, nähern wir uns den spirituell-religiösen Konzeptionen des glänzenden, des ewigen Geistes an, der alles durchdringt und durch den wir alle miteinander verbunden sind.

Und doch können wir – auf der anderen Seite – die Welt der konkreten physischen und psychischen Form, der Zeichen und Symbole, nicht ausgrenzen. Und vielleicht wäre dies ein angemessenerer Versuch, Psyche zu beschreiben: Nicht als Ding an sich, sondern als ein Spannungsfeld zwischen der Form und Formlosigkeit, dem Sein und dem Nichts oder der Dualität und Nondualität, ein stetes Dazwischen, in dem die Narrative eine vermittelnde und gestaltende Form annehmen – selbst eine Form am Rande der Formlosigkeit, durch welche die Narrative die Muster bereitstellen, durch die wir unsere Gedanken und Vorstellungen im Konkreten bilden, durch welche wir Perspektiven wir einnehmen und Beobachtungen machen. Aber wir greifen vor.

Betrachten wir die Psychologie als solches, wird schnell klar, dass hier kultur-historisch ein Bereich erschlossen wurde, für den vormals keine Begriffe existierten. So wie das Individuum – das heißt als Begriff und als Bedeutung – eine Erfindung der Moderne war, durch der sich der Mensch vermessen und von Tradition abgrenzen konnte,[29] wo er sich selbst einem Leistungs- und Erfolgsparadigma – oder sollte ich sagen: Narrativ – unterstellte, so war die Vermessung des subjektiven Erfahrungsbereiches mitsamt seinen begrifflichen Tiefenstrukturen eine Errungenschaft

29. Vgl. Peter Sloterdijk, *Zorn und Zeit*, 2008

der Postmoderne, dessen Injunktion[30] – Wende Dich der Psyche zu! –sowohl für Akademia als auch Gesellschaft richtungsweisend sein sollte. Lag es nur wenige Jahrhunderte zurück – ein Katzensprung in der Kulturentwicklung des Menschen letztlich – dass subjektive Erlebnisinhalte nach außen etwa als Omen oder als gute und böse Geister projiziert wurden, gehörte es nunmehr zum Standardvokabular der bürgerlichen Mittelschicht, mit Begriffen wie Libido, Ego, Es und Über-Ich, Anima und Animus, Ödipus und Eros zu operieren, um auf diese Weise das innere Geschehen zu kartographieren und so auszudrücken, was vorher noch im Dunkel lag. Es war geschichtlich betrachtet die Postmoderne, die – gewissermaßen als Kulturprojekt – diesen Sprung in die Unbestimmtheit des Geistes wagte. Als solches war er Teil eines viel grundlegenderen Projektes der Postmoderne, jenem Transgress ins Unbestimmte,[31] von dem wir später noch einiges hören werden und welcher gewissermaßen die DNA der Postmoderne darstellte. Sich der Psyche zuzuwenden hieß stets, sich der Komplexität und Relativität des Inneren zuzuwenden. Und nur auf Basis dieser Hinwendung zum Psychischen konnten nachfolgende Fragen, wie wir denn genau zu unserer subjektiven Weltsicht und Selbstbeschreibung kommen und was genau die Bedingungen kognitiver Konstruktion sind, gestellt werden.

Wir können, um mit Spencer-Brown zu schließen, nur dann etwas über die Psyche erfahren, wenn wir die Entscheidung treffen, uns der Psyche zuzuwenden und als

30. Nicht ihre Einzige, aber doch eine Wichtige.

31. Vgl. Raoul Eshelmann, *Performatism*; 2008

Psyche zu handeln. Solange wir, wie manche Materialisten, diesen Gegenstand für unmöglich halten, ist er auch undenkbar. Dieser Bereich – die Psyche – entsteht in genau dem Moment, in dem wir ihn für uns affirmieren. Niemand wird, auf der anderen Seite, einem Materialisten die Existenz der Psyche beweisen können; und im Umkehrschluss gilt ebenso: Es ist nicht beweisbar, dass die Psyche für den Materialisten eben doch existiert. Wir erzeugen die Psyche in jedem Moment, in dem wir über sie nachdenken oder als impliziten Ausgangpunkt unserer Kognitionen nehmen. Dies mag paradox klingen und ist doch das größte Geschenk: Wir erschaffen jeden psychischen Gegenstandsbereich schlicht dadurch, dass wir ihn erzeugen, in dem wir ihn konzeptualisieren, indem wir ihn denken, beobachten und unser Beobachten beobachten.

Das heißt, was wir von der Psyche verstehen – und als was sie erscheint – hängt auch ganz explizit von den Weisen unserer Erzählung ab, von den Narrativen und Perspektiven, die wir zu ihr einnehmen. Im Bereich des Psychischen ist das wahr oder unwahr, was wir – je nach Wahl der Perspektive – als wahr oder unwahr setzen. Diese Erkenntnis der letztendlichen Unbestimmtheit des Psychischen kann nur und muss letztlich nur durch eine Praktik ausgeglichen werden, nämlich bestimmte Narrative zu wählen, um zu bestimmten Selbst- und Welterfahrungen zu kommen, und dadurch auch wieder zu Formen der Bestimmtheit, die über den postmodernen Relativismus hinausführen.

Tatsächlich bedeutet im Übrigen die Erkenntnis, dass im Bereich des Psychischen genau das wahr ist, was durch die

Wahl der Narrative und Perspektiven wahr gemacht wird, nicht, dass durch diese Binnenkontingenz alles tatsächlich sozial ‚erlaubt sei'. Mitnichten; dies wäre ein Kategorienirrtum, der einen psychologischen Sachverhalt unrechtmäßig in einen sozial-ethischen Kontext übersetzt. Auch wenn letztlich Moral und Ethik von bestimmten Narrationen und Narrativen abhängen, ist freilich sozial nicht alles erlaubt, und das darf es auch nicht. Kultur setzt sich immer aus bestimmten Geschichten zusammen – und den Weisen, wie wir diese Geschichten erzählen – und auf welche Geschichten wir uns einigen. Das heißt, eine gegebene Kultur und Gesellschaft grenzt zum eigenen Überleben und zur eigenen Identität bestimmte Geschichten notwendigerweise aus, und letztlich zeigt sich die Überlebensfähigkeit einer Kultur auch darin, ob und inwiefern bestimmte Geschichten von allen akzeptiert werden können. Doch dies hindert uns nicht, dennoch unseren inneren Horizont zu erweitern und die Bedingungen der Freiheit zu untersuchen, durch die wir uns selbst zu formen vermögen.

BEOBACHTE DAS BEOBACHTEN

Verbleiben wir einen Moment in der Domäne des Psychischen, fällt auf, dass wir unser Inneres als solches beobachten können. Die Psyche kann sich mit sich selbst beschäftigen, das Beobachten kann sich selbst beobachten und das Bewusstsein kann Teil seiner selbst sein. Ich bin mir bewusst, dass ich mir bewusst bin. Dies ist – zumindest entwicklungsgeschichtlich betrachtet – eine relativ junge evolutionäre Errungenschaft, und dabei eine, die am prominentesten vielleicht von Descartes zum Ausdruck gebracht wurde, als er mit seinem *cogito ergo sum* deutlich machte, dass man sich nur des Denkens sicher sein könne. Hinzu kommt, dass wir kulturell betrachtet mit dem Aufkommen der Psychologie zu wahren Vermessern des Inneren wurden; wer unter den Lesern dieser Zeilen weiß nicht zumindest rudimentär, was der Begriff des ‚Unbewussten' bedeutet?

Als Wiedereinführung des Psychischen in das Psychische, sei es in Form von Subjektivität, Relativität, Selbstanalyse oder Kontextbewusstsein, lässt sich dieses Denken u.a. auf das zurückführen, was unser Mathematiker George Spencer-Brown als *re-entry*, als Wiedereintritt, beschrieb. Re-entry heißt im einfachsten Sinne, dass die Resultate einer (mathematischen) Operation in zirkulärer Weise in die Unterscheidungsoperation wiedereingeführt werden. Dieses Konzept vom re-entry fand bald seinen Weg in die Systemtheorie, Soziologie und Psychologie, ebenso wie die damit verbundene ‚selbst-referenzielle' Denkweise in biologische Modelle über die Funktionsweise des Nervensystems[32] oder auch in populärwissenschaftliche Bücher wie den Klassiker *Gödel, Escher, Bach* von Douglas Hofstadter. Das Konzept von re-entry (und auch Selbstreferenz) hört sich zunächst einigermaßen abstrakt an, ist aber ganz einfach zu begreifen, wenn wir diesen Sachverhalt auf die Psyche übertragen.[33] Stellen sie sich, lieber Leser, diesen letzten Satz, den sie gelesen haben, noch einmal innerlich vor. Nur zu, schließen sie ihre Augen und stellen sie sich diesen vorletzten Satz über den Klassiker *Gödel, Escher, Bach* von Douglas Hofstadter noch einmal innerlich vor.

Was jetzt gerade passiert ist, dass sie aus einem tatsächlich gedachten (oder innerlich nachgesprochenen Satz) eine Vorstellung gemacht haben, nämlich die Vorstellung des Satzes als solchem. Das heißt, sie können einen Satz unmittelbar denken, oder sie können sich den gerade gedachten Satz innerlich vorstellen. Diesen vorgestellten Gedanken können sie dann wieder als Ausgangspunkt eines weiteren Gedankens verwenden. Und diese Rückeinführung eines Prozesses in den Prozess selbst ist nichts anderes als ein re-entry oder eben der Vollzug der Selbstformung des Bewusstseins.[34] Es ist klar, dass wir aus diesem zirkulären Kreislauf von Denken und Vorstellen nicht wirklich heraustreten können. Wir können auch nicht die Gedanken anderer Leute denken oder plötzlich Teil der chemischen Prozesse einer Pflanze sein. Womöglich

32. Vgl. Humberto Maturana, *Erkennen: Die Verkörperung der Wirklichkeit*, 1987

33. Wie es auch schon Niklas Luhmann in seinem Aufsatz zur *Autopoiese des Bewusstseins* einmal getan hat.

34. a.a.O.

können wir uns in solche Prozesse oder Dinge hineinfühlen und uns vorstellen, wie die Welt aus den Augen eines Anderen ausschaut. Doch selbst in solch empathischen Momenten sind wir an die Autopoiese – die zirkuläre Selbstformung – der Psyche gebunden. Eben dies war eine der großen Erkenntnisse der Systemtheorie, in der Autopoiese heißt: *Ein Prozess, durch den die Elemente erzeugt werden, um den Prozess, der diese Elemente erzeugt, aufrechterhalten zu können.* Kurz: Wir können den geistig-psychischen Raum nicht wirklich verlassen, sondern nur die Ergebnisse und Resultate unseres Denkens in das Denken selbst wieder einführen.

Interessanterweise lassen sich die Wurzeln dieses selbstreferenziellen Denkens bis zu dem Zweiten Weltkrieg zurückverfolgen. Die Kybernetik – allen voran durch die Arbeit des Mathematikers Norbert Wiener – entwickelte sich durch den Versuch, Flugabwehrgeschütze zu verbessern, um deutsche Flugzeuge im britischen Luftraum besser abschießen zu können. Das Problem lag darin, dass sich die Flugzeuge natürlich bewegten und man ihre Flugbahn irgendwie vorher berechnen musste; man konnte schließlich nicht einfach auf das Flugzeug zielen, weil es seine Position zum Zeitpunkt des erhofften Einschlags schon verändert haben würde. Auch einfach zu raten oder zu schätzen, wo es sich befinden würde, war zu ungenau. Wiener entwickelte deshalb einen Algorithmus zur Steuerung des Flugabwehrgeschützes, welches die Flugbahn des Flugzeugs auf Basis seines bisherigen Fluges berechnen konnte.

Dieser sich selbst abgleichende und in dieser Hinsicht rekursive Prozess bildete die Grundlage kybernetischen und eben ‚selbstreferenziellen' Denkens, und hatte einen so starken kulturellen Einfluss, dass er sowohl in der Psychologie als auch in der Spiritualität mit solchen Affirmationen wie „Ändere Dich selbst, bevor Du die Welt verändern willst" zu beobachten ist.

Als Kinder unserer Zeit können wir uns diesem selbstreferenziellen Denken nicht verschließen. Und es ist eben auch kein Zufall, dass für einige Denker das Auftauchen der Postmoderne mit der Verdichtung subjektivistischer Praktiken, Modelle und Theorien einherging, sei es in Bezug auf das Entstehen der Psychologie selbst oder der Generalüberholung vormals religiöser, nunmehr ‚spirituell' genannter Praktiken, die nun losgelöst von starren traditionellen Glaubenssystemen als Übungssysteme des Seelischen bestehen konnten.[35] Und es ist eben diese postmodern subjektivistische oder auch existenzielle Perspektive, die zu den radikal-konstruktivistischen Einsichten führte, dass wir als Subjekt, sowohl in psychischer, sozialer als auch in neuronaler Hinsicht, an der Konstruktion unserer Repräsentation unserer subjektiv erlebten Wirklichkeit beteiligt sind.

Dabei war schon vor der Postmoderne deutlich geworden, dass die Wirklichkeit nicht dass ist, als was sie sich unseren Sinnen gegenüber darstellt. Vergegenwärtigen wir uns nur einmal mehr, was in der siebten Klasse eigentlich klar sein sollte, nämlich dass Schall, wie er z. B. von einem umfallenden Baum erzeugt wird, in Wirklichkeit ja aus nichts anderem besteht als schnellen Luftdichteschwan-

35. Man muss heute eben nicht mehr Buddhist sein, um *Tonglen* praktizieren zu können. Vgl. Tom Amarque, *Entwicklung als Passion,* 2011

kungen. Bei 20 Grad breiten sich diese Pulsationen etwa mit 340 Meter pro Sekunde aus. Schall selbst ist eine Störung oder Veränderung in einem Medium wie Luft oder Wasser. Und während sich diese Luftpulsationen ausbreiten, verlaufen sie sich auch, bis die Gleichmäßigkeit des Mediums wieder hergestellt ist. In bestimmten Fällen nun, nämlich, wenn wir am Ort des Geschehens anwesend sind oder uns in relativer Entfernung zu ihm befinden, stoßen diese Luftpulse, diese Veränderungen im Medium der Luft, auf unser Trommelfell, können dort die Nervenzellen aber nur erregen, wenn die Frequenz dieser Pulse zwischen 16 Hz und 20 kHz liegen. Alle ‚Frequenzen' darunter oder darüber – Infra-, Hyper- und Ultraschall – können wir schlicht nicht wahrnehmen. Obwohl also z. B. 15 Hz-Luftpulse sich nicht sonderlich von 16 Hz-Luftpulsen unterscheiden, werden wir sie nicht wahrnehmen.

Treffen also 16 Hz bis 20 kHz-Luftpulse auf unser (gesundes) Trommelfell, werden die Nervensignale zu einem bestimmten Teil des Gehirn gesendet. Diese Nervensignale sind nun aber nichts anderes als chemische An/Aus-Reaktionen, weshalb man diese Signale und die gesamte neuronale Hirntätigkeit mehr oder weniger komplexes ‚Feuern der Neurone' nennt. Von Luftpulsen zu chemischen An/Aus-Reaktionen – und wir sind immer noch nicht an der bestimmten *Empfindung* und Wahrnehmung des Knackens im Wald angekommen, die wir subjektiv erfahren. Wir können – selbst aus dieser modernistischen Haltung heraus - nur vermuten, wie komplex der Prozess des Hörens ist (dasselbe gilt im Übrigen für das Sehen). Die Luftpulse erzeugen kein subjektiv erfahrenes und interpretiertes *Geräusch*, es sind nur Luftpulse. Wie dann aber die reinen neuronalen Impulse die Gehirn/Geist-Schwelle überschreiten und zur Kognition und Erfahrung des ‚Umfallendes Baumes' werden, ist ein völlig anderes und noch völlig ungeklärtes Problem. Es ist eines, dass der Psychologie einer ganz neuen Dimension Rechnung tragen muss und welches dem naiven Realismus – die Welt ist so wie sich unseren Sinnen darstellt – den Boden unter den Füßen wegzieht. Es ist ein Problem, das Futuristen[36] gerne umgehen, wenn sie behaupten, reiche Rechenleistung eines Computers sei ausreichend, um irgendwann Bewusstsein zu simulieren oder hervorzurufen. Und es ist ein Sachverhalt, der mittlerweile als ‚hartes Problem' erkannt wird[37] insofern, als dass es an sich unmöglich ist zu erklären, wie reine Nervenimpulse etwa zu der psychischen Erfahrung oder Erinnerung eines Sonnenuntergangs führen. Wo genau ist denn der Sonnenuntergang, den wir uns vorstellen, wo genau verortet man die psychische Repräsentation der Wirklichkeit? Sie kann ja nicht ‚im' Gehirn sein, denn das Gehirn arbeitet ja nur vermittels neuronaler Aktivitätszustände. Mit anderen Worten: Auf der anderen Seite der Gehirn/Geist-Schwelle liegen z. B. die Qualia,[38] jene subjektiven Erlebniszustände, die ein Phänomen – eine Luftpulsation, einen visuellen Reiz oder einen neuronalen Aktivitätszustand – zu einer Erfahrung einer bestimmten Klasse machen. Ein- und derselbe Ton,

36. Vgl. Ray Kurzweil, *Homo Sapiens: Leben im 21. Jahrhundert*, 2000

37. Vgl. z.B. Steven Pinker http://pinker.wjh.harvard.edu/articles/media/2007%20The%20Mystery%20of%20Consciousness%20TIME.htm

38. Vgl. z.B. Thomas Nagel, *What is it like to be a bat?*, 1974

ein- und dieselbe Farbe mag für zwei Menschen vollkommen unterschiedliche Qualitäten und Assoziationen bedeuten.

Das heißt wir finden schon durch modernistische Perspektiven relativ zügig eine Antwort auf die alte Frage, ob das Umfallen eines Baumes ein Geräusch erzeugt, selbst wenn niemand da ist, der dies wahrnehmen oder beobachten kann. Hinzu kommt, dass wir uns als psychische Lebewesen begreifen, die das Gehirn nur von außen beobachten können[39] und gewissermaßen an den kognitiven Raum gebunden sind, in dem wir operieren. Zwei Menschen mögen sinnlich dasselbe Ereignis oder Phänomen wahrnehmen – einen roten Bleistift – und doch unterschiedliche Dinge beobachten. Wir können insofern nicht mehr über die sinnliche Wahrnehmung sprechen, ohne nicht notwendigerweise auch über das Beobachten und die kognitive Konstruktion der subjektiven Welterfahrung zu sprechen. Denn eben dies war ja eine der Kernerkenntnisse postmodernen Denkens: Was immer auch die Sinne wahrnehmen, was auch immer über die Sinne im Nervensystem verarbeitet wird, so wird die Gesamtheit der stets in der Gegenwart erzeugten subjektiven Welterfahrung von der Psyche selbst erzeugt – sogar die Vorstellung von ihr selbst! Was unsere Sinne auch immer an Informationen aufnehmen, Sinn und Bedeutung ergeben sie nur durch die Operationen eines psychischen Beobachters, der sie bewertet, interpretiert, einordnet, mit anderen Ereignissen und Interpretationen verknüpft, verzerrt, vergisst oder verallgemeinert. Sich der Psyche und ihrer Repräsentation

39. Vgl. Gerhard Roth, *Erkenntnis und Realität,* 1987

der Wirklichkeit zuzuwenden, heißt dementsprechend, sich auch der Vielfalt von Weltdeutungen gegenüber zu öffnen; der eigenen, wie notwendigerweise auch der von Anderen. Sobald wir versuchen, die Psyche und das Bewusstsein zu beobachten, stoßen wir zudem unweigerlich auf Probleme, nicht nur, dass wir ein bestimmtes Ereignis auch anders beobachten können, sondern, dass wir nicht alle Ereignisse an sich verarbeiten können. Wir sind zur steten Auswahl dessen gezwungen, womit wir uns innerlich beschäftigen wollen. Wir können einzelne Elemente herausgreifen – bestimmte Gedanken, Beobachtungen, Erinnerungen oder gar Empfindungen – und doch sind diese selbst nur Ereignisse in der Zeit, kommen und gehen und verfügen über den Wert, den wir selbst ihnen zurechnen. Jeder Einzelne von uns lebt daher in absolut unterschiedlichen Welten, in denen sich nicht nur unsere Lebensentwürfe und Lebenspraxen unterscheiden, sondern auch unsere Weisen der Weltdeutung und Weltformung. Wir mögen zuweilen der Illusion nachgeben, wir leben alle in derselben Realität. Je genauer wir indes hinschauen, umso geringer werden die tatsächlichen Übereinstimmungen. Die Welt, so der Philosoph Slavoj Žižek, besteht aus Grenzfällen, und das ‚Normale' ist nur ein Grenzfall dieser Grenzfälle.

Doch was heißt eigentlich beobachten, bzw. was geschieht eigentlich beim Beobachten? Auch hier leistete George Spencer-Brown die Vorarbeit, indem er Beobachten zunächst gleichsetzte mit der Anweisung: Triff eine Unterscheidung![40] Durch eine solche Unterscheidung

40. A.a.O.

erzeugen wir aus einem vorher unbestimmten Raum, den er *unmarked space* nannte, eine neue Form, die sich durch eine Grenze von einem Hintergrund abhebt. Die Grenze definiert also die beiden Seiten der Form und des Hintergrundes. Wir werden im Verlaufe des Buches immer wieder auf diese drei Begriffe der Form (und des Hintergrundes), der Grenze und des *unmarked space* zurückkehren, denn das sind ganz wichtige konzeptionelle Beschreibungen, durch die wir ein tieferes Verständnis narrativen Bewusstseins erlangen werden. Für den Moment aber können wir festhalten: Wenn wir uns dem Beobachten selbst zuwenden, wenn wir das Beobachten selbst beobachten, dann fügen wir der Psyche ein neues Element hinzu, nämlich die Vorstellung der beobachteten Beobachtung. Wir können diesen Akt des Wiedereintritts der Beobachtung in sich selbst dann als einen evolutionären Akt beschreiben, ein Resultat phylogenetischer und morphogenetischer Kräfte, der nach Jahrmillionen währender Evolution genau hier in diesen Moment einmündet, in dem sie sich als Leser diesen Prozess der Beobachtung bewusst machen. Wir sind überdies die uns einzige bekannte Spezies, die ihr eigenes Bewusstsein reflektieren kann, und dies auch erst seit relativ kurzer Zeit.

Wir wollen hier ein wenig tiefer in den Prozess des Beobachtens eintauchen. Mir ist klar, dass diese Passagen ein wenig formal sind, aber ich bitte den Leser, mir zu folgen, denn diese Überlegungen bilden die Grundlage für die konkreteren Beobachtungen, die in den folgenden Kapiteln kommen.

Wenn wir also diesen psychologischen *re-entry* vornehmen, wenn wir das Beobachten selbst beobachten, erfahren wir unmittelbar etwas über das Wesen der Beobachtung selbst, also die Art und Weise, aus dem *unmarked space* selbst Formen zu erzeugen. Ich habe schon an anderer Stelle das Beobachten differenziert,[41] und werde dies hier nur kurz zusammenfassen. Einfach gesagt lassen sich drei Ebenen oder Weisen der Beobachtung unterscheiden, der Bequemlichkeit halber Beobachten ersten, zweiten und dritten Grades genannt.[42] Immer dann, wenn wir etwas beobachten, können wir es nur auf einen dieser drei Beobachtungsprozesse zurückführen:

Zunächst können wir das Beobachten der sinnlichen Wahrnehmung (*Beobachten ersten Grades*) beobachten, deren Funktion es ist, grundlegende und für die Psyche als gegenständlich erscheinende Formen und Schemata zu erzeugen. Sobald wir etwa die vor uns liegende Form – dieses Buch, dass Sie jetzt in den Händen halten – von allen symbolischen Bedeutungen und Assoziationen befreien, so ist dieses Buch (für uns als Bewohner des psychischen Raumes) immer noch unsere Kognition, die die reine Form von einem Hintergrund abgrenzt und von anderen diskreten ‚Objekten' in Form und Farbe unterscheidet – obwohl es uns außerhalb von uns erscheint. Formbildung und Formkenntnis, aber auch Verlagerung der Kognition nach

41. Tom Amarque, *Der Wille*, 2007

42. Vgl. die drei Ebenen der ‚Mentation' bei Erich Jantsch – organismisch, reflexiv und selbstreflexiv – mit der er das Beobachten neurologisch (und nicht wie hier: rein psychologisch) differenzierte. Siehe Erich Jantsch, *Die Selbstorganisation des Universums*, S. 236. Vergleiche auch das triadische Modell der drei Strukturen der Psyche von Lacan: Reales, Symbolisches und Imaginäres.

‚außen' ist ein wichtiger Teil der kognitiven Entwicklung des Kindes, in dem es lernt, ‚Innen' von ‚Außen' zu unterscheiden und bestimmte Formen als separate, diskrete Einheiten zu behandeln, die man anfassen kann.[43]

Beobachten ersten Grades – also einfach gesagt: die Beobachtung des Gegenständlichen – ist damit konkret-operationales Bewusstsein schlechthin: hier und jetzt, auf die Welt bezogen. Dass diese kognitiven Erzeugnisse – dieses Beobachten ersten Grades – im Gleichschritt mit den neuronalen Elektrizitätszuständen des Gehirns stattfinden, dass die kognitive Beobachtung des Buches tatsächlich mit dem Buch in unserer Hand und so mit neuronalen Ereignissen übereinstimmt, vermag der Ko-Evolution von Geist und Gehirn zugerechnet werden, also der Idee, dass sich Gehirn und Geist im Verlaufe der Evolution nicht nur gleichzeitig miteinander entwickelt haben, sondern dass die Entwicklung des Einen unmittelbar auch die Entwicklung des Anderen förderte. Wie schon eingangs erwähnt ist es bislang unmöglich, die genaue Schnittstelle oder den Übergang von neuronalen zu psychischen Prozessen zu identifizieren. Und doch ist dies eines der spannendsten Themen überhaupt …

Die zweite Weise des Beobachtens, die wir unterscheiden können, ist das Beobachten symbolischen & zeichenhaften Denkens (*Beobachten zweiten Grades*). Hier wird ein Objekt zu einer Zeichenfolge ‚B-U-C-H', welches über eine bestimmte Bedeutung und Funktion verfügt. Hier werden Sinn und sinnhafte Zusammenhänge geformt. Ein Buch

43. Der Konstruktivist Ernst v. Glaserfeld nannte sie ‚Perzepte' ; Vgl. *Wissen, Sprache, Wirklichkeit*, 1987

ist zum Lesen da und als Staubfänger. Es verfügt über Worte und Sätze und lädt in teilweise vollkommen neue Wirklichkeiten ein. Kurz: Der Beobachter zweiten Grades operiert im Raum der Bedeutung und Zeichen; er distinguiert den Homo sapiens als ein Tier der besonderen Art, nämlich als eines, dass sich selbst und die Welt zeichenhaft beschreiben kann.

Zuletzt können wir die Funktionen und das Zusammenwirken des Beobachtens ersten und zweiten Grades als *Beobachten dritten Grades* beobachten, und schließen damit den selbst-reflexiven Kreis. Dieses Beobachten unterscheidet und erkennt, wie das psychische Zusammenspiel der ersten beiden Beobachtungsprozesse zu der subjektiven Wirklichkeit führt, die wir von Moment zu Moment erfahren – wie gesagt, ich spreche hier nicht über die ‚objektive' Wirklichkeit der Atome, Moleküle und Dinge, sondern über den rein subjektiv-psychischen Raum. Dies Beobachten dritten Grades ist eine relativ junge evolutionäre Errungenschaft und eine, die zum Ausbau narrativen Bewusstseins notwendig ist.

Eines der besonderen Kennzeichen dieses Beobachtens, welches eine gewissermaßen entkoppelte Perspektive auf das Beobachten ersten und zweiten Grades einnehmen kann, liegt darin, eben auch entscheiden zu können, wie und in welcher Form Beobachten ersten und zweiten Grades ausgerichtet wird; man kann denken, muss es aber nicht; man kann kognitive Formen erzeugen, muss es aber nicht. Wir treten hier thematisch direkt in spirituelle/transpersonale Zusammenhänge ein, denn nur dieser Beobachter kann die Welt der Form und die der Leere (oder der Abwesenheit der Form) unterscheiden, die nur durch die Operationen ersten und zweiten Grades gefüllt werden können. Fortgeschrittene Meditationsstufen wie *Samadhi Nirvikalpa* oder komplexere und vereinheitlichendere Reifestufen des Geistes, von denen uns die Transpersonale und die Entwicklungspsychologie, aber auch spirituelle Meister wie Sri Aurobindo berichten, sind nur durch den Ausbau dieses Beobachters möglich. Nur durch den Beobachter dritten Grades lernen wir die tiefen Bedingungen der psychischen Selbsterschaffung und Konstruktion kennen: Wir lernen durch ihn vor allem, uns unserer eigenen subjektiven wie auch intersubjektiven Konstruktionen bewusst zu werden, und damit auch der Art und Weise wie wir unsere kognitive Wirklichkeit erzeugen. Wir lernen durch ihn, in die Tiefe unseres Geistes hinabzutauchen und die Bedingungen zu integrieren, durch die wir unsere ganz diskrete, unsere ganz bestimmte Version der Realität gestalten. Nur durch den Beobachter dritten Grades sind wir fähig, eine Handlungsbewusstheit über die Eigenschaften und Funktionen von Narrativen zu bekommen.

Dekonstruieren wir unsere jetzt sinnlich wahrnehmbare Welt, so erscheint sie aus psychischer Sicht als Menge und Fluss von Phänomenen und Formen ohne Bedeutung oder sinnhaften Zusammenhang, als ein konstanter Strom von Formen, deren Grenzen wir seit unserer Geburt zunehmend ausdifferenzieren und durch die wir zu den Entitäten und ‚Dingen' unserer Erfahrungswelt kommen.[44] Für die junge Psyche und das sich entwickelnde Gehirn ist es ein immenser Akt, zu so einfachen und dinghaften Formen wie auch nur einem ‚Buch' zu kommen, der in einem als drei-dimensional konzipierten Raum einen bestimmten Platz einnimmt, über bestimmte Eigenschaften verfügt, mit dem man bestimmte Dinge tun kann und zu dem die Zeichenfolge ‚B-U-C-H' gehört. Denn es müssen vorher (bzw. gleichzeitig) erst mal die kognitiven Formen und Schemata, die ‚Perzepte' von Dreidimensionalität, Raum, Eigenschaften, ‚tun-können' und Zeichen entwickelt und gelernt werden.

Mit anderen Worten: Sobald die Erkenntnis ins alltägliche Sein integriert wurde, dass zwischen dem Prozess der Beobachtung und dem Beobachteten eine notwendige Relation besteht, ohne die die eine oder andere Seite nicht bestehen könnte; sobald wir uns klar sind, dass zwischen sinnlichem Wahrnehmen und kognitivem Beobachten ein Unterschied besteht; sobald wir erkannt haben, dass menschliches Beobachten auch impliziert, Zeichen und Symbole erzeugen zu können; sobald wir die Freiheit erlangt haben, unsere Beobachtungen, Perspektiven, Zeichen, Symbole, und Narrative frei zu wählen; und sobald wir die Welt der kognitiven Formen von dem reinen phänomenologischen Kontinuum, in dem die Formen auftauchen und wieder verschwinden, unterscheiden können haben wir das Beobachten dritten Grades erzeugt.

44. „Realität", so die Entwicklungspsychologin Susanne Cook-Greuter, „kann hier erfahren werden als ein undifferenziertes phänomenologisches Kontinuum oder der kreative Grund des vereinheitlichten Bewusstseins. Jedes Objekt, jedes Wort, jeder Gedanke, jedes Gefühl, jeder Sinneseindruck und jede Theorie wird als menschliches Konstrukt verstanden: als ein Ausschließen und Erzeugen von Grenzen, wo es keine gibt; a.a.O.

Nun durchdringt uns dieses Kontinuum so oder so; wir können uns gegen das mit ihm verbundene Chaos und die Unbestimmtheit und Leere – damit verbunden: unbedingte Unsicherheit – nur erwehren, indem wir immer und immer wieder kognitive Formen erzeugen und Wahrheit und Bedeutung schaffen, wo zunächst weder Wahrheit noch Bedeutung ist. Und wie jeder weiß, der für einen längeren Zeitraum die Meditation praktiziert hat, ist dieser Automatismus, *irgendetwas* denken zu müssen, gar nicht einfach anzuhalten; nicht zu denken, den Geist tatsächlich langfristig zur Ruhe zu bringen, ist alles andere als ein einfaches Unterfangen!

Doch das heißt auch: Was auch immer wir tun, tun wir auch, um uns nur von der drängenden und wahnsinnigen Unbestimmtheit des Seins zu befreien, die mit diesem phänomenologischen Kontinuum einhergeht. Wir mögen nun, je nach Disziplin, in der wir uns bewegen, dieses Kontinuum den *unmarked space* nennen oder das Nichts, die Leere, das Chaos, das Okkulte oder jüngst sogar das Hyper-Chaos[45], ja wir können es sogar in der höchsten Realisation des Buddhismus als *Shunjata* oder als Urgrund des Seins identifizieren.[46] Aber wir Menschen sind in die Unbestimmtheit Geworfene, die immer wieder Bestimmtheit finden, ja formen müssen, die willkürlich Wahrheit erzeugen müssen, um unserer Existenz Sinn zu verleihen. Wir sind es, die Bedeutung und Form erzeugen müssen; wir können dem nicht entfliehen. Es ist ein existenzieller Grundzusammenhang, dem wir an sich ausgesetzt sind.

45. Vgl. Quentin Meillassoux, *After Finitude: An Essay On The Necessity Of Contingency*, 2008

Dieser Akt, das an sich Bedeutungslose durch das Erzeugen von Bedeutung stets wieder mit Sinn und Inhalt zu füllen, kennzeichnet menschliches Leben, kennzeichnet das an sich Absurde. Für einen kurzen Moment in der objektiven Zeit spielen wir dieses Spiel. Wir mögen eine Art Weisheit oder Reife erlangen und müssen dann doch konstatieren: Durch unsere Konstruktionen, seien sie subjektiv oder intersubjektiv und kulturell, erzeugen wir relativ stabile Inseln im Chaos.[47] Doch sie mögen von dem einen auf den anderen Moment wieder zerfallen.

In letzter Zeit haben sich die Entwicklungspsychologie und die jüngere Philosophie ganz explizit mit diesem Urgrund, diesem Kontinuum auseinandergesetzt und als das identifiziert, welches unser Sein durchdringt und in gewisser Hinsicht neben oder hinter aller konkreten Form und Bedeutungsbildung liegt. Was so zunehmend zu dem Forschungsgegenstand der Wissenschaften wird, war schon viel länger das Ziel der religiös-spirituellen Praktiken – nämlich jenen Bewusstseinszustand zu erlangen, indem

46. Subjektivistisch betrachtet ist diese Gleichsetzung von Nichts, Chaos, Kontinuum und Shunjata zwar ungewöhnlich, aber nicht unbegründet: Sihee etwa Steven William Laycock; *Nothingness und Emptiness*; und Nishintani Keiji, *Religion and Nothingness*, 1982. Siehe auch jüngst Matthias Thiele für einen kulturellen Ansatz: „Der Mensch begegnet sich selbst als Sonderfall von bewusstem Denken in einer Welt, in der Vergänglichkeit regiert. Ihm droht das unabwendbare Verlöschen, seit Jahrtausenden versucht er, Lösungen für dieses Problem zu finden. Kulturen sind in dieser Hinsicht auch expansive Weltentwürfe, die das drohende Verlöschen und das Gefühl der existenziellen Verlorenheit auf Distanz halten sollen. Deren Metaphysiken sind konquistadorische Urbarmachungen des Nichts." Matthias Thiele, *Das stolze Licht*, 2014

47. Ein Ausdruck des Komplexitätstheoretikers Stuart Kauffman, *Ein Öltropfen im Wasser*, 2004

man, frei von aller gedanklichen Bewegung und den Geschichten, die man sich innerlich selbst und äußerlich anderen erzählt, den reinen Urgrund bezeugen kann. Wenn für einen Moment nur das zeitliche Denken endet und das Bedürfnis, Bedeutung zu erzeugen – so lautete die narrative Doktrin der Traditionen – so vermag man in den Urgrund einzutauchen, den ewigen Geist – oder welche Worte man kulturell auch immer für diesen omnipräsenten und alles durchdringenden Geist gefunden hat – und erkennen, wie es eben nur ein Bewusstsein gibt, an dem wir alle teilhaben und welches uns alle durchdringt. Glücklicherweise, so können wir festhalten, werden solche Erfahrungsbereiche langsam auch von der Wissenschaft durchdrungen, so dass wir auch hier dem Versuch näher kommen, das Unbeschreibbare zu beschreiben. Aber auch diese wäre nur eine Weise des Beobachters zweiten Grades, die Erfahrungswirklichkeit des Beobachten dritten Grades beschreiben zu können.

Für den Moment aber wollen wir alle Beschreibungen aussetzen und in die Leere eintauchen:

Erzeuge ein Narrativ

Aus diesem *unmarked space*, dieser Leere, diesem phänomenologischen Kontinuum heraus – welches wir nur bezeugen und nur in Relation zur Welt der Form beobachten können – erzeugen wir von Moment zu Moment die Formen, die wir erzeugen wollen. Die erste Form, die wir an und in der Leere erzeugen, und die in gewisser Hinsicht für alle folgenden Formen, die wir hervorbringen, richtungsweisend ist, nenne ich das *Narrativ*. Das Narrativ ist die Form, die gewissermaßen direkt am ‚Rand des Chaos' liegt und für alle weiteren Formen, Beobachtungen und Perspektiven, die wir formen und einnehmen, entscheidend ist. Als Form ist das Narrativ in erster Hinsicht zunächst einmal dem Bewusstsein verborgen, kann aber intersubjektiv – dazu später mehr – ins Bewusstsein gehoben werden und gewinnt erst hier konkrete Gestalt, sei es als Erzählung, Geschichte, Mythos, Märchen, Theorie oder gar Kosmologie. Durch unsere Konstruktionen erzeugen wir, wie wir gesehen haben, relativ stabile Inseln im Chaos. Narrative sind in diesem Kontext zunächst Tiefenstrukturen des Geistes, durch die wir Sinn, Bedeutung in und an diesem Nichts erzeugen und durch die wir zu der Gedanken- und Vorstellungswelt kommen, die an der Oberfläche des Bewusstseins liegt. Wir werden später versuchen, dieses Narrativ systematischer zu betrachten, zu verorten und von anderen Formen, wie der Urszene, dem Schema, dem Mythos oder auch dem Archetypus zu unterscheiden. Bis dahin wollen wir das

Narrativ absichtlich etwas unbestimmt halten, *denn es selbst ist eine verborgene oder opake Form* zwischen Form und Formlosigkeit, oder besser: die erste Form, durch die wir aus der Formlosigkeit zur Form kommen. Das heißt, wir nutzen das Narrativ zunächst erst mal als Denkfigur.

In dieser Hinsicht ist das Narrativ eine kognitive Urform, an der sich unterschiedliche weitere Formen kristallisieren, und seien es am Ende dieses Prozesses die konkreten Gedanken, Vorstellungen oder Beobachtungen selbst. Das Narrativ ist in dieser Hinsicht der Grenzübertritt vom Formlosen in die Form. Die Wahl des Narrativs entscheidet insofern ganz sublim über den Verlauf des Denkens und Beobachtens. Wähle ich ein Narrativ, sind die darauf folgenden Kognitionen und Gedanken inhaltlich ganz anderer Natur als bei einem gegebenen anderen Narrativ. Als solche kognitive Urform ist das Narrativ dabei subtil, dem gewöhnlichen Auge zunächst erst mal nicht erkenntlich, wiewohl wir später im Alltagsbewusstsein aus der Natur und der Richtung der Gedanken oder Beobachtungen schließen können, dass ihnen ein bestimmtes Narrativ zugrunde lag. Es erfordert eine höhere Form von Aufmerksamkeit, die Narrative im Moment ihres erstmaligen Auftretens beobachten zu können.

Ein Begriff, der in diesem Kontext von besonderer Bedeutung ist, ist nun der Begriff der *Perspektive*. Ein Narrativ verfügt immer über eine ihm implizite Perspektive, aus der Unbestimmtheit und der Leere einen bestimmten Typ von Bestimmtheit zu formen. Dies ist der eigentliche kognitive Schöpfungsakt: aus der Leere eine bestimmte kognitive Form von Welt hervorzubringen, ein in-die-

Welt-Zwingen, durch das das Chaos zugunsten der Ordnung vertrieben wird. Die unbändige Komplexität des Unbestimmten wird zugunsten einer einfachen Konstruktion aufgegeben, und wir formen die Welt dann als das, was der Fall ist.

Die gewählte Perspektive (und das gewählte Narrativ) reflektiert dabei nicht nur die Historie des Individuums und seinen (meist impliziten) Willen, sondern auch die Haltung, welche Ereignisse ignoriert, und welche Ereignisse mit anderen auf eine bestimmte Weise verknüpft werden sollen.[48] Man kann das, was subjektiv-kognitiv passiert, nicht unabhängig von dem Willen seines Urhebers betrachten. Diese Erkenntnis zeigt einmal mehr auf die kognitive Performanz als Welterzeugung. Und womöglich wäre dies als eine ‚esoterische' Interpretation des hinduistischen Karmabegriffs möglich, im Gegensatz zu der exoterischen Version der Wiedergeburt: Denn nachdem wir die kognitive Welt durch Narrativ und Beobachtung geformt haben, treten wir stets kreislaufartig wieder zurück in die Unbestimmtheit und beginnen eine neue Welt zu erzeugen und zu kristallisieren; ein neuer Zyklus, in gewisser Hinsicht auch ein neues Leben beginnt. Doch all die vergangenen Zyklen haben notwendigerweise Einfluss auf unsere kognitive Schöpfungsgeschichte, formen das Individuum und wirken auf die Narrative zurück, die selbst der Veränderung der Zeit unterliegen. Wir verändern uns – so

48. Vgl. Lászlo, a. a. O.: „Ein Narrativ geschieht immer aus Perspektive von Jemandem. Es ist die narrative Perspektive, die geistige Zustände vermittelt, die den Erzähler und den Charakter der Geschichte in Relation zu den Ereignissen setzt'.

ein gängiges Narrativ – stetig, nicht nur körperlich, sondern auch geistig. Wir lernen und machen Erfahrungen, wir sind nicht mehr dieselben Personen wie vor sieben Jahren, Monaten oder Tagen. Womöglich müssen wir hier die Narrative als Mit-Ursache für diese steten Veränderungen in Betracht ziehen.

Wir brauchen eine Perspektive, um eine bestimmte innere Haltung bestimmten Phänomenen gegenüber einnehmen zu können. Ohne Perspektive und Kontextgewinnung können wir nicht über Beobachtungen sprechen. Wir gebrauchen den Begriff Perspektive also hier in einem kognitiven Bezugsrahmen und entführen ihn aus dem mathematischen, künstlerischen und architektonischen Kontext. Im psychologischen Kontext nutzen wir den Begriff im Alltag gewöhnlich recht undifferenziert. Doch was genau ist eine Perspektive?

Wenn Beobachten immer heißt, eine Form von einer anderen zu unterscheiden (die als Hintergrund dienen kann), zwingt die Perspektive immer zu einer Kontextualisierung bestimmter und erzeugter Formen. Sobald wir beobachten und diese Beobachtungen mitteilen, können wir es nur anhand einer bestimmten Perspektive tun, die diese Beobachtung mit anderen in Bezug setzt. Wenn ich das aktuelle deutsch-amerikanische Verhältnis beobachte, kann ich die NSA-Affäre und deren (beobachtete) Implikationen nicht ausgrenzen; ich könnte es freilich tun, müsste mich aber dann vom intersubjektiven Konsens über Geschichtlichkeit und Zeitgeist verabschieden. Das heißt, meine Beobachtungen zum nationalen Verhältnis sind geprägt von anderen Beobachtungen, die bis auf den Zweiten Weltkrieg und sogar darüber hinaus zurückreichen können, je nachdem, wie weit ich den Zeithorizont ansetze. Nichts davon ist notwendigerweise wahr, sondern (für den Beobachter) lediglich eine kognitive Operation. Ich nutze also eine Perspektive, um meine Beobachtungen zu organisieren. Mehr noch, die gewählte Perspektive zeigt auf ein übergeordnetes Schema, durch welches wir bestimmte Beobachtungen integrieren und andere ausgrenzen. Wir können unmöglich, wie eingangs gesehen, stets alle Phänomene und Beobachtungen im Geiste halten – wir sind zur Reduktion gezwungen. Dieses Schema oder diese Form, durch welche wir bestimmte Beobachtungen und Phänomene zusammenführen, ist das *Narrativ.* Eine Perspektive vermittelt zwischen Beobachtung und Narrativ. Oder anders gesagt: Ein Narrativ macht eine Perspektive zu einer Perspektive bestimmten Typs.

Über die Perspektive erzeugt der Beobachter den Kontext und Möglichkeitsbereich weiterer Beobachtungen. Die Perspektive entsteht dann, wenn man eine bestimmte Menge von Beobachtungen zu einem Schema zusammenführt, um sie dann als Kontext oder eben Perspektive bestimmten Typs auszuweisen. Man kann die Perspektive also stets in die Beobachtungen dekonstruieren, die sie ausmachen. Die Perspektive selbst ist somit zunächst immer nicht-sprachlich; sie kann aber verbalisiert werden. Sie besteht immer im Beobachten des Beobachtens unter einem Leitschema zu dem Zwecke, für die Psyche eine Kohärenz der Beobachtung herzustellen.

Diese Perspektiven geschehen nicht im reinen Wahrnehmungsraum unserer Sinnesorgane, noch geschehen sie in einem rein sprachlichen Kommunikationsfeld. Perspektiven sind Teil eines – man vergebe mir die Redundanz – sich selbst bewussten Bewusstseinsfeldes, in dem das anders-möglich-Sein der Perspektive stets Teil von ihr ist. Ein Kennzeichen der Perspektive ist nämlich ihre temporäre Bindung und die Tatsache, dass sie von einer anderen Perspektive früher oder später abgelöst wird. Perspektiven sind ohne die ihr inhärente Kontingenz nicht denkbar. Sie geschehen im Nacheinander; und wollen wir das menschliche Bewusstsein verstehen, so müssen wir die Funktion des Beobachters, der arbiträr bestimmte Ereignisse für Psyche herauslöst und miteinander in Bezug setzt und in diesem Sinne kontinuierlich Perspektiven erzeugt, anerkennen. Perspektive und Narrativ sind daher ein sich ergänzendes Begriffspaar, denn jede Perspektive kann nur durch ein Narrativ erzählt werden, und jedes Narrativ zwingt zu einer Perspektive. Eine Perspektive besteht aus mehreren Beobachtungen, die unter einem Narrativ organisiert werden.

Im Bereich des Geistes ist all das wahr, was durch die Wahl der Perspektive wahr oder unwahr wird. Es geht hier also nicht darum zu zeigen, ob oder dass die Aussage, dass man durch die Wahl der Narrative die Inhalte des Bewusstseins bestimmen kann, richtig ist. Je nach Wahl der Perspektive mag dies wahr oder unwahr sein! Es geht hier vielmehr darum, durch die Wahl der Narrative die Inhalte des Bewusstseins zu bestimmen und die durchaus praktische Frage offen zu legen, für welche Narrative man sich von Moment zu Moment entscheidet, um den *unmarked space* mit Form zu füllen. Auch hier gilt die von Aristoteles eingeführte Narration: Die Natur verabscheut das Vakuum. Sobald wir etwas tun, und sei es nur denken, sobald müssen wir einen bestimmten Strom der Kognition einleiten, der zu bestimmten Gedanken, Vorstellungen, Stimmungen und Gefühlen führt. Gedanken entstehen buchstäblich aus dem Nichts. Doch es sind die Narrative, die diese formbildenden Strukturen liefern.

Als solches wollen wir Narrative verstehen: Wenn das Denken die oberflächliche und leicht zugängliche Form unserer kognitiven Tätigkeit ist, und das – je nach Perspektive – so genannte phänomenale Kontinuum, unmarked space, Leere, Nichts oder Chaos eben den formlosen Urgrund unseres kognitiven Seins darstellt, dann wollen wir das Narrativ als die erste Form des Werdens oder der kognitiven Tätigkeit betrachten, die aus dem Nichts hervortaucht, und die damit als Tiefenstruktur unser Denken formt und ihm Charakter und Richtung verleiht. Mit anderen Worten: Wir kommen jeden Moment aus der Leere und formen aufs Neue unsere subjektiven und intersubjektiven Wirklichkeiten. Narrative sind der erste Schritt aus dem Nonlokalen ins Lokale. Sie sind struktur- und prozessgestaltende Formen, die meist nur durch Tiefenreflexion ins Bewusstsein treten; sie sind die formale Grundlage der Kognition. Das Problem liegt nun freilich darin, dass wir uns dieser verborgenen Tiefenstruktur nur über gedankliche Oberflächenstrukturen und dem intersubjektiven Dialog annähern können.

Ich möchte in diesem Zusammenhang einen Aspekt hervorheben, der von besonderer Bedeutung ist. Wir sind stets zwischen Form und Formlosigkeit Geworfene, zwischen Bestimmtheit und Unbestimmtheit, oder auch: zwischen der Welt der Form und dem formlosen Sein. Das Narrativ kennzeichnet immer den Übergang zwischen diesen beiden Polen. Das heißt aber auch, dass wir uns immer in diesem Dazwischen bewegen. Wir können uns stets bewusst sein, dass wir die Narrative, die wir wählen, stets auch anders hätten wählen können. Und trotzdem müssen wir sie in aller Ernsthaftigkeit umsetzen, *so als ob* sie die einzig möglichen wären. Ansonsten wird man handlungsunfähig; wie wir sehen werden ist dies das große Dilemma vieler postmoderner Bewegungen. Nur durch diese performative Ernsthaftigkeit können wir die Narrative und Geschichten, die wir auswählen, auch ausleben. Diese Disposition ist im Übrigen spirituellen oder transpersonalen Ansätzen recht ähnlich, wenn es darum geht, in der Welt sein zu können, während man gleichzeitig das, was geschieht, auf jene Weise indifferent bezeugt, dass man in Bezug auf den Ausgang der Geschichte oder der Ereignisse keinerlei Vorlieben hat. Diese Dualität von Form und Formlosigkeit, ja man möchte sagen: diese amouröse Distanz der Welt gegenüber – ist auch eines der Hauptcharakteristika narrativen Bewusstseins: Denken, sprechen und handeln können, ohne sich an die Ergebnisse oder Ereignisse, die damit einhergehen, innerlich binden zu müssen. Oder konkreter: zu wollen – aber auch zu lieben – ohne sich an die Ergebnisse seines Wollens oder Liebens zu binden. Sich zu involvieren, während gleichzeitig das ewige und umfassende Bewusstsein im Hintergrund dem Wandel der Formen indifferent gegenübersteht: Dies ist reine narrative Performanz, ein inneres, ja autopoietisches Gleichgewicht, das dem Tanz auf der Nadelspitze gleicht. Denn wer vermag schon zu tun, stark und konkret *in der Welt zu sein*, und gleichzeitig die Absurdität seines Handels und Wollens vollständig mitzuprozessieren? Es ist dies letztlich das spirituelle und letztlich auch psychologische Ideal, was hier mitschwingt und Eingang findet, und welches das Ziel allen menschlichen Übens (oder um mit Sloterdijk zu sprechen: aller *Anthropotechnik*) ist. Also die Maximalspannung aus Höchstem und Niederstem im menschlichen Geiste aufrechterhalten zu können –grob vereinfachend gesagt: dem edelsten, alles umfassenden und alles bezeugenden Bewusstseins auf der einen Seite und den chaotischen, nicht-zu-bändigenden, instinktiven, animalischen Regungen des *Muladhara-Chakras* –, dies ist die höchste menschliche Kunst. Auch darauf werden wir auf den folgenden Seiten zu sprechen kommen.

Auch diese Überlegungen zur Doppelnatur des menschlichen Seins basieren freilich auf Narrativen. Und doch zeigt sich hier die Evidenz narrativen Bewusstseins: Wir können uns der Dualität der Formwelt und der Formlosigkeit selbst nur durch Narrative annähern. Und nur durch Narration können wir anderen von unseren gewählten Narrativen berichten.

Überführe das Narrativ in den intersubjektiven Raum

Alles, was wir von der Welt wissen, wissen wir letztlich durch Erzählungen; dadurch, dass wir mit anderen sprechen. In jüngster Zeit dringt das Bewusstsein, dass wir unsere Erzählungen ändern müssen, wenn wir unsere Zukunft ändern wollen, zunehmend in die sozialen Debatten selbst ein. Eine neue Art narrativen Bewusstseins spiegelt sich in derzeitigen Diskussionen über Politik,[49] Ökonomie,[50] Klimaforschung,[51] Ökologie,[52] sowie Beziehungen[53] wider und fordert uns auf, die Weise, wie und unter welchen Narrativen wir die Phänomene der Welt ordnen, neu zu erzählen. Dies gilt freilich nicht nur für die gegenständlicheren und auch problematischen Dinge des Alltags, sondern auch ganz besonders für Feinheiten psychischen Erlebens. Wir wissen nur von Ich, Es und Über-Ich, von Archetypen, Teilselbsten und Höheren Selbsten dadurch, dass wir sie erzählen, dass wir sie sprachlich erfassen, indem wir zu ihnen eine besondere Perspektive einnehmen und bestimmten Narrativen folgen. Besonders

49. Siehe z. B. Frederick W. Mayer, *Narrative Politics - Stories and Collective Action*, 2014

50.Siehe z. B. David Korten, *Change the Future - Change the Future*, 2014

51. Siehe z. B. http://www.open.ac.uk/researchcentres/osrc/files/osrc/NARRATIVES.pdf

52. Siehe z. B. Crystal Campbell, *Narrative Ecology*, 2013

53. Siehe z. B. Dan McAdams, *The Meaning of Others: Narrative Studies of Relationships*, 2007

fällt aber auf, dass wir durch den Akt des Erzählens des Psychischen dem Psychischen selbst immer auch eine Form geben, die ihm a priori so nicht gegeben war. Das ist bei den weltlichen Dingen natürlich anders. Hier kann man sich auf das Gegenständliche beziehen, und seien es eben Messungen, Statistiken und Daten. Über das Psychische kann man sich nur klar werden und es zur Form bringen, indem man darüber spricht. Über Sprache lernen wir Konzepte, wie wir unsere Inneres ordnen können.

Wir Menschen sind in dieser Hinsicht also Geschichtenerzähler und verorten uns so in der Welt als selbstbewusste Wesen.[54] Wir erzählen uns die Welt, und jeder Erzählung, jeder Narration, liegt eine verborgene Form zugrunde: Das Narrativ. Dieses Narrativ setzt sich immer aus einer recht willkürlichen Selektion von Ereignissen und Perspektive auf diese Ereignisse zusammen. Nur indem wir diese Perspektive auf die Ereignisse sprachlich machen, können wir sie erkennen. Das Narrativ ist dabei immer subjektiv, die Narration hingegen immer intersubjektiv.

Wenn wir das Nacheinander unserer Handlungen sprachlich erfassen und mitteilen, erzeugen wir notwendigerweise Geschichte; jeder Sprechakt, durch den wir Handlungen oder Beobachtungen beschreiben, wird so zu einem Geschichts- und Gedächtnis erzeugenden Akt, der festlegt, wer wir sind, welche Perspektiven wir zu bestimmten Phänomenen einnehmen, und welche darauf folgenden Handlungen wir formen und umsetzen. Um aber eine Menge von Handlungen zu einer Geschichte eines bestimmten Typs zu machen, benötigen wir Narrative. Wir

54. Vgl. Walter F. Fischer, a.a.O.

bestimmen damit, wer wir – auch und vor allem in Relation zu Anderen – sind. Sobald wir aber Geschichte erzeugen, sobald wir diese Geschichte an sich beschreiben, erzeugen wir rückwirkend auch wieder Narrative, die unser Verhalten bestimmen. Und dies ist auch nicht sonderlich überraschend: Unsere menschliche Seele ist auf diese Weise daran gebunden, sich selbst und die Welt mittels Mythen, Geschichten, Tänzen, Gleichnissen, Märchen und Schriftwerken zu erklären. Bevor es Schrift gab, gab es die Erzählung: Sobald wir über einen Beobachter verfügen, der sich über das reine sinnliche Wahrnehmen in der Bio-Spähre erhebt, sobald also ein Beobachter aufgetaucht ist, der Zeichen und Symbole unterscheiden zu lernen beginnt diese auf seine Repräsentation der Wirklichkeit anzuwenden, sobald tritt auch das Bewusstsein über Narrative auf, um diese Perspektiven und Perzepte zu leiten und zu organisieren.

Versuchen wir uns der Formen von Narrativ und Narration oder eben Erzählung des Narrativs anzunähern, steigt nun selbst eine Urszene empor, die als Metapher für die Beziehung von Narrativ und Narration an sich dienen kann. Das Narrativ ist subjektiv, die Narration (Erzählung) des Narrativs aber immer intersubjektiv. Diese Urszene verfügt über genügend symbolischen Gehalt, um die Natur, und auch ein paar Eigenschaften, des narrativen Grundgedankens aufspüren zu können.

Wir sehen hier eine Gruppe von prähistorischen Menschen, die um ein schützendes Feuer sitzt und beginnt, sich Geschichten von Erfolg und Misserfolg, von Bewegungen und Veränderungen in der Gemeinschaft, von Hoffnungen und Ängsten, von geheimen Intentionen und Verführungen, von Verlust und Gewinn zu erzählen.[55] Hier, wo das Feuer eine Insel im Dunkel mit klaren Grenzen bildet, wo das für das Auge eigentlich Nahe plötzlich undurchdringlich wird, verschwinden die gefühlten Grenzen zwischen den Anwesenden, und alle tauchen ein in die Stimme des Ältesten oder des Erzählers, und werden Eines. Die dinghafte Welt verschwindet und der Raum subtiler Geschichtserzählung taucht auf. So wie das Feuer in der Mitte einen Lichtkreis bildet und Schutz bietet gegen das drängende Dunkel, so drängt auch die Erzählung die Leere zurück, die durch das Aufhören des Handels ins Bewusstsein dringt. Wie das Feuer bildet sie das leuchtende Hell in der Mitte. So lauschen sie alle und lassen die Worte auf sich wirken. Sie können sich nur eine Meinung zur Geschichte bilden; um eigene Geschichte zu eröffnen, müssten sie die Einheit zerstören und die neue Erzählung auf sich nehmen, etwas, was immer mit Risiko verbunden ist. Doch wenn der Erzähler gut ist, wenn er ein Alter oder ein Schamane ist, dann bilden seine Worte nicht nur einen Schutzschild gegen die Dunkelheit, sondern greifen tatsächlich darüber hinaus und entführen an einen Ort, der in physikalischer Raumzeit nicht zu verorten ist. Denn ‚wo' ist die Zukunft, über die wir sprechen? Je dunkler der Raum, der die Gruppe umgibt, umso greifbarer und sicherer wird diese Zukunft. Er wirft Linien in die Zukunft, und erzeugt mit seinen Geschichten und Interpretationen den Verlauf der Welt, und alles, was am Morgen kommt, kann nicht

55. Vielleicht in Europa vor 250.000 Jahren, vielleicht viel früher, um 700.000 v. Christus in Israel.

mehr ohne das beschützende Narrativ verwirklicht werden.

Dies Hinausgreifen und Erweitern des Lichtbereiches im Dunkel durch Erzählungen, gespeist von dem immer wieder zu schürenden Feuer, welches den Mittelpunkt des Kreises bildet – die Einheit – hier haben wir eine perfekte Metapher für die ‚Urbarmachung des Nichts', für die Formbildung aus der Leere. Der Tag ist für die Handlung bestimmt, für das Ausprobieren und Ausleben der Geschichten. Aber des Nachts finden wir in der Gruppe einen Moment der Einheit und Reflexion, in dem die Geschichten durch die Macht des Bewusstseins ins Offene drängen und das Nichts und die Dunkelheit zurückdrängen, als würde es die Nacht nicht geben. Hier werden Geschichten besprochen und geformt. Tatsächlich aber zeigt diese Metapher auch, dass es ‚außerhalb' der intersubjektiven Narration nur die Dunkelheit gibt. Kein Narrativ ist wahrer als ein anderes, es gibt keine Gesetzestafeln, die ein bestimmtes Narrativ begründen und einem anderen vorziehen.[56] Es ist dies manchmal im Alltag schwer nachzuvollziehen, doch tatsächlich bleibt alles außerhalb des Narrativs unbestimmt. Es gibt keine Wahrheit jenseits des Narrativs, sondern nur arbiträre Setzung. Der, der eine Wahrheit verkündet, verkündet letztlich nur sein Narrativ mit jener Prämisse, die anders-Mögliches ignoriert, und hofft seine Geschichte sei wahrer als alle anderen. Und doch, wie wir zeigen werden, immunisierte jedes Narrativ

56. Nun es gab sie angeblich doch, doch selbst die 10 Gebote können ihrerseits nur durch ein Narrativ, nämlich der ersten ‚Botschaft' Gottes ihre Wirkkraft entfalten.

die eigene Kontingenz und immunisiert das Dunkle, gegen das es sich als Insel im Chaos abgrenzt.

Und so finden wir in dieser Urzene vor allem zweierlei, nämlich, dass die Narration immer versucht, die Komplexität des So-Seins zu binden und einzufangen, während sie gleichermaßen die Vergangenheit kontextualisiert, und auch Injunktionen mitliefert, wie ein gegebenes Narrativ seinen weiteren Verlauf nimmt. Erfahrungswissen ist nur durch Anweisungen möglich, indem wir dem Alten lauschen und versuchen, den Anforderungen des neuen Tages auf neue Weise, mit neuem Wissen, mit neuen Handlungsaufforderungen entgegenzutreten. Nur durch konkrete Handlungsanweisungen – tue dies, tue die nicht! – sind wir in der Lage, unseren Erfahrungshintergrund zu erweitern, indem wir neue Lebensbereiche und soziale Rollen erschließen. Ein Narrativ hat insofern immer einen deskriptiven und einen injunktiven Charakter. Selbst bei quasi wissenschaftlichen Narrativen wie dem evolutionären, erzwingt es, die Wirklichkeit unter diesen Gesichtspunkten zu beschreiben.

Dass diese Urszene selbst auch heute noch ihre direkte Wirkkraft entfalten kann, können wir etwa im amerikanischen Talkshow-Betrieb sehen, in dem, allnächtlich ausgestrahlt, eine wichtige nationale Konversation über die wichtigen Themen des Tages stattfindet, durch die sich jeder als Teil der Gemeinschaft erleben kann und in der jeder implizit mit jedem anderen über die wichtigen Themen sprechen kann. Hosts – Geschichtenerzähler – verfügen so über die Fähigkeit, Narrative zu bestimmten Ereignissen zu erzeugen und Geschichtsschreibung mitzugestalten, Perspektiven zu bestimmten Themen zu generieren, die Stimmung des Landes einzufangen und das morgendliche Gespräch ankurbeln zu können. Talkshows sind so ein wichtiger Aspekt der Erzeugung von Gruppenkohäsion, etwas, was in dieser Form besonders in einem so gewaltigen Land wie Amerika besonderen Sinn ergibt. Man erinnere sich etwa an die berühmte erste Sendung David Lettermans nach dem 11. 9. 2001, bei der er die Wunde in der amerikanischen Seele das erste Mal schloss, indem er die kurze Geschichte des Dorfes Choteaus in Montana erzählte, und damit direkt die Selbstheilungskräfte des amerikanischen Nationalbewusstseins adressierte.[57]

In Deutschland finden wir eine Variante dieses Betriebs in der Talkrunde, in der vordergründig gestritten, tatsächlich aber die impliziten Narrative zu bestimmten Themen – sei es im politischen oder kulturellen Treiben – hervorgeholt und anderen gegenübergestellt werden. Auch hier bilden wir einen Kreis, um das entfernte Andere auszugrenzen und die Welt greifbar zu machen. Dass solche Diskussionen paradoxerweise häufig von Menschen geführt werden, die weniger über Sachkenntnis als über

57. "There's a town in Montana by the name of Choteau. I know a little something about this town. There's 1,600 people. Montana's been in the middle of a drought for three years and if you've got no rain you can't grow anything and if you can't grow anything you can't farm and if you can't grow anything you can't ranch because the cattle don't have anything to eat and that's the way life is in this town of 1,600 people. Last night in the school auditorium in Choteau, Montana, they had a rally — home of the Bulldogs by the way — they had a rally to raise money for New York City and if that doesn't tell you everything you need to know about the spirit of the United States, than I can't help you. I'm sorry." (David Letterman; https://www.youtube.com/watch?v=DBLgp1qTCTg)

Charisma verfügen, hat nicht nur etwas mit Publikumsattraktion zu tun. Geschichten brauchen keine Fachleute. Sie brauchen Leute, die über die Kapazität verfügen, der massiven Reflexion der Zuschauer durch das Medium Fernsehen zu trotzen und trotzdem für ihre Meinung einstehen.

Doch tatsächlich befinden wir uns alle immer noch an diesem prähistorischen Lagerfeuer. Wir haben es nie verlassen. Immer noch erzählen wir uns Geschichten und schmieden Pläne, immer noch versuchen wir die Dunkelheit zurückzudrängen durch unseren kreativen Geist, immer noch wollen wir unser Überleben sichern mit der Gruppe im Angesicht der Gefahren des Undurchdringlichen. Wir mögen in unseren High-Tech Büros sitzen und vergessen haben, dass wir all die Konstruktionen, die uns umgeben, selbst erzeugt haben, um nicht der Leere gegenüberzustehen.

Jeder gesellschaftliche Dialog ist insofern auch ein Dialog, eine Debatte oder Diskussion über Narrative - manchmal im Konflikt stehend, manchmal Grenzen markierend, manchmal sich gegenseitig bestärkend. Dies geschieht auf kleinerer Ebene, wenn wir persönlich in einen Dialog eintreten, oder auf größerer sozialer Ebene, wenn etwa die Medien in all ihren Facetten sicherstellen, wie und dass die nationalen und internationalen Narrative kohärent kommuniziert werden. Kurz: Sobald wir unsere Beobachtungen in einen konsensuellen, intersubjektiven Raum überführen, formen oder aktualisieren wir Narrative als konkrete Formen oder Erzählungen, die den Raum des Verborgenen verlassen haben. Intersubjektivität erscheint hier also – anders herum – als ein konsensuelles Feld zwischen Subjekten, die sich auf gleiche Narrative geeinigt haben. Im Kontext all der unterschiedlichen, schwachen wie starken Definitionen von Intersubjektivität[58] wollen wir diese hier nicht einfach nur als geteilte Erfahrung verstehen, sondern als eine wie auch immer geartete implizite oder explizite narrative Übereinkunft zwischen Individuen, die sich selbst integrieren kann.

Intersubjektivität selbst kann hier von simplen kommunikativen Übereinkünften bis hin zu inter-psychischen Energieübertragungen oder auch, wie von Sloterdijk vorgeschlagen, als ‚Blase' zwischen Mutter und Kind erscheinen.[59] Das heißt aber auch, was immer wir unter Intersubjektivität verstehen hängt auch davon ab, welches Narrativ wir wählen, beziehungsweise, welche Perspektiven wir zu diesem Bereich der geteilten Erfahrung einnehmen. Geteilte Erfahrung heißt dabei jedoch immer, dass die betreffenden Individuen nicht nur annehmen, dass der andere dieselbe oder eine ähnliche Erfahrung gemacht hat, sondern via Kommunikation wissen oder annehmen müssen, dass der andere das auch weiß und dass sich infolgedessen ein weiterer Konsensbereich einstellt. Dieses reziproke Wissensfeld[60] übereinstimmender Erfahrung verfügt aber immer über eine Struktur, die von den Individuen, ihrer Geschichte, ihrer Interaktion und ihrer Erfahrung abhängt. Mit anderen Worten: Die Stärke oder Dichte

58. Vgl. Sean Esbjörn-Hargens, *Integrale Ökologie*, 2013

59. Peter Sloterdijk, *Sphären I*, 1998

60. Niklas Luhmann nennt es auch ‚Doppelte Kontingenz', siehe *Soziale Systeme*, 1984

des intersubjektiven Raumes geteilter Erfahrung hängt auch immer von der Übereinstimmung geteilter Narrative ab.

Wollen wir dementsprechend eine integrative Perspektive zu Narrativen einnehmen, die sowohl Psychisches als auch Soziales berücksichtigt, können wir nur festhalten, dass in der Tat hier die Grenzen zwischen Psyche, Bewusstsein, Sprache, intersubjektiven und sozialen Wirklichkeiten fließend verlaufen. Man könnte auch sagen: Narrative sind kognitiv-szenische Repräsentationen im intersubjektiven Raum. Sie sind insofern gleichzeitig Teil von Kultur/Sozialsystemen als auch von Psyche. Als Teil von Psyche sind Narrative *häufig unbewusste Tiefenstrukturen*, die nur über die soziale Dimension im intersubjektiven Raum zur Geltung kommen können. Sie sind *intersubjektiv* insofern, als das wir nur über Kommunikation von Narrativen wissen können, nämlich indem wir sie erzählen. Und als Teil von Kommunikation sind Narrative in die Sprache *eingebettete Erzählstrukturen*, über die Psyche und Bewusstsein rekursiv ihr Erleben und die Repräsentation der Wirklichkeit formen. Als Erzählstrukturen informieren sie alle, die an der Kommunikation beteiligt sind, selbst wenn sie nicht unbedingt anwesend sind.[61] Man kann, mit anderen Worten, ein Narrativ nicht ausschließlich Psyche oder Kultur zurechnen, weil es, je nach Perspektive, durchaus Teil von beiden ist. Narrative transzendieren in dieser Hinsicht die einfache Zuordnung zu bestimmten Weisen der Weltbeschreibung. Zudem gilt: Sobald wir, auf der anderen

61. Vgl. Niklas Luhmann, *Soziale Systeme*, 1984

Seite, unsere Beobachtungen anderen mitteilen wollen, können wir dies nur über Narrative. Wir tun dies, indem wir die Beobachtungen und Perspektiven in den intersubjektiven Raum überführen und im weitesten Sinne in Geschichten einweben, die festlegen, wie die Welt und wir selbst sind oder sein sollen. Auf diese Weise begegnen wir der Unbestimmtheit und Vieldeutigkeit der Welt, zu der wir selbst gehören, durch Konkretion. Wir können als Menschen nicht lange im Unbestimmten und Bedeutungslosen verweilen, wenn wir es überhaupt können. Sobald wir unsere Beobachtungen und Geschichten erzählen, erzählen wir das nicht nur notwenderweise *jemandem,* wir definieren damit gleichzeitig, wie wir zu diesem Jemand stehen, welche Rolle er oder sie in der Geschichte einnimmt; und diese Definition bestimmt rückwirkend das Narrativ.

Im Allgemeinen gilt: Ohne Narrative sind unsere Perspektiven und Beobachtungen auf etwas thematisch entleert, ohne Narrative sind Beobachtungen sinnfreie kognitive Operationen und sinnlose Kommunikationen. Dadurch, dass wir bestimmte Ereignisse und Phänomene, bestimmte Beobachtungen mit Anderen, die wir selbst sein können, in Bezug setzen, erzeugen wir nicht nur psychologisch, sondern auch kulturell Geschichte und Gedächtnis. Wir können zwei Ereignisse nicht kontextfrei nebeneinanderstellen, denn allein ihre Relation konstituiert, wenn wir sie in den intersubjektiven Raum überführen, ein Narrativ. Wir können, mit anderen Worten, nicht ohne Narrative über unsere Beobachtungen sprechen, und seien diese Beobachtung schlicht wissenschaftliche Daten; wir betten diese Daten in Geschichten ein und formen ganze Weltbilder und Kosmologien. Nur durch Narrative verleihen wir ihnen Sinn und Bedeutung. Nur durch Narrative machen wir uns ein mehr oder weniger konkretes Bild von der Welt und Wirklichkeit, nur durch Narrative können wir Vorstellungen von der Welt sinnhaft begreifen und bestimmte Vorstellungen anderen vorziehen und als ‚wahr' geltend machen. Ob die Entstehung der Welt durch einen Urknall oder durch einen Gott bedingt wurde: In beiden Fällen liegt dasselbe Narrativ zugrunde, nämlich das Grundnarrativ, *dass* die Welt in einem singulären Akt erschaffen wurde. Dass dies auch anders denkbar ist, liegt auf der Hand. Man denke an neue kosmologische Modelle, wie das Modell der vielen Urknalle, nach dem unser Urknall nur eine Phase in einem unendlich sich wiederholenden Zyklus von Ausdehnung und Zusammenziehung darstellt und das Universum und die Zeit in dieser Version weder einen Anfang haben noch ein Ende.[62] Man erkennt insofern an dem vorherrschenden Standardmodell der Physik auch unser Bedürfnis, alles in einem Schema des Vorher und des Nachher, des Anfangs und des Endes zu ordnen, und die Rolle der Narrative und Narrationen sind hier nicht zu unterschätzen. Und dass es in dieser Hinsicht nicht um wahre oder falsche, sondern nur um ethisch funktionelle oder weniger funktionelle Narrative geht, muss nicht weiter ausgeführt werden. Hier bleibt zunächst nur festzuhalten, dass wir uns selbst und die Welt nur via Narrative sinnhaft machen können.

62. Vgl. Neil Turok; *Endless Universe*, 2007

Indem wir unsere Beobachtungen und Perspektiven in den intersubjektiven Raum überführen, seien es persönliche Beobachtungen oder unsere Überlegungen zum Urknall – treten wir aus dem Bereich unserer Subjektivität in den sozialen Konsensbereich. Was so real wird, ist real für alle. Einer allein mag dem Wahnsinn verfallen, zu zweit aber formt man Kultur. Und was ist Kultur anderes als die Summe aller Geschichten, die wir uns erzählen? Und was sind Kulturepochen und Weltbilder selbst anderes als Bündelungen von bestimmten Mythen, Geschichten oder Narrativen. Wer sind wir anderes als Akteure auf der großen Bühne der Kultur, die bestimmte Narrative wiederholen, ausprobieren, verwerfen und verfeinern, egal ob reich oder arm, jung oder alt, Mann oder Frau.

Doch Narrative sind mehr als nur Geschichtsstrukturen. Sie verfügen, wie wir sehen werden, über eine Syntax, eine ‚Struktur', durch die wir uns gegen das immanente Nichts oder die Leere und die Kontingenz der Welt *immunisieren*. Wir bauen Weltbilder, wir bauen Lebenspläne, wir formen Kultur. Wir bauen diese Weltbilder, um das Nichts zu kultivieren, Inseln der Bedeutung zu finden und Licht ins Dunkel zu bringen. Auf diese Weise sichern wir unser psychisches Überleben. Sobald wir das tierische Sein und den subjektiv erfahrenen Strom wilder phänomenaler Ereignisse verlassen und in den Bereich der höheren Kognition des Menschseins eintreten, stehen wir vor dem Problem, einzelne Phänomene von anderen nicht nur zu unterscheiden, sondern auch zu bezeichnen, vor allem aber mit anderen Phänomenen und Formen in Bezug setzen zu müssen. Wir können nicht anders als handeln und beobachten, als

Menschen aber sind wir zu Sinn und Bedeutung gezwungen, und dazu, das stete Nacheinander der Formen zu bewältigen. Die notwenige Form, um Phänomene sinnhaft zu binden, ist das Narrativ.

Narrative können auch über einfachere oder komplexere Strukturen und Ideen verfügen, und teilweise sind es die viel einfacheren Narrative, die umso größere Wirkung entfalten können. Man denke etwa an das ‚evolutionäre' Narrativ, mit dem eine kausale und temporale Beobachterperspektive einhergeht, also der Idee, dass sich alles sequenziell entwickelt und stets höhere oder komplexere Strukturen ausformt. Als an sich kontingentes Beobachtungsschema existiert dieses Narrativ im intersubjektiven Raum und vermag z. B., entkoppelt von der rein technisch-wissenschaftlichen Datenverarbeitung, ganze Philosophien und Weltbilder zu formen und die interdisziplinäre Zusammenführung der Erkenntnisse verschiedener Wissenschaftsbereiche narrativ zu strukturieren, vom Big Bang über Sternsystem und Planetenbildung hin zu der stufenweisen Entwicklung biologischer Formen hin zu ganzen Kulturen und dem menschlichen Bewusstsein. Wir werden uns später detaillierter mit diesem evolutionärem Narrativ beschäftigen. Dass es trotz oder gerade wegen der ganzen Datenflut eines Narratives bedarf, um uns die Geschichte der Evolution der Welt zu erzählen, zeigt nur umso mehr nicht nur die Macht der Narrative, sondern auch unser Bedürfnis nach einer einheitlichen Geschichte. Gerade dieses ‚evolutionäre' Narrativ verfügt dabei auch über die Kapazität, als psychologische Anweisung (z. B. als ‚Verlasse Deine Komfortzone, strebe neue Horizonte an!") in die Lebenswirklichkeit des Einzelnen einzutreten. Dass Narrative bei der Gestaltung von Weltbildern im Allgemeinen unabdingbar sind, zeigt sich nicht nur dann, wenn wir uns vergegenwärtigen, was wir eigentlich von unserem Kosmos wissen, und was nicht. Der Begriff ‚Standardmodell' in Bezug auf die Entstehung des Kosmos besagt eigentlich nur: Bei der tatsächlich geringen Menge von Daten ist es zum gegebenen Zeitpunkt das am wenigsten unwahrscheinliche Modell. Wie genau sich darüber hinaus Leben auf diesem Planeten, geschweige denn Bewusstsein entwickeln konnte, ist alles andere als geklärt. Bei der Flut von Detailwissen über die Alltäglichkeiten des Lebens sind die großen Fragen des Lebens ungeklärt. Es sind dies, wie Heinz von Foerster sagte, eben grundsätzlich unbeantwortbare Fragen,[63] weshalb wir uns entscheiden müssen, sie auf die eine oder andere Weise zu beantworten. Normalerweise tun wir das durch die Wahl bestimmter Narrative, nennen wir sie Gott oder Evolution. Aber wir brauchen die Narrative, denn ohne sie wird alles sinnbildlich dunkel um uns und in uns.

Kurz: Sobald wir unsere eigenen Beobachtungen und Perspektiven in den intersubjektiven Raum überführen – durch welches Medium auch immer – sobald aktualisieren wir auch ein bestimmtes Narrativ, durch welches unsere Beobachtungen erst Sinn ergeben. Sie bieten damit die Grundstruktur unseres Erlebens und Handels. In den meisten Fällen tun wir dies unbewusst, greifen implizit auf die Geschichtserfahrungen und Interpretationen zurück, die wir im Laufe unserer individuellen und kollektiven

63. Vgl. Heinz von Foerster, *KybernEthik*, 1993

Geschichte gemacht haben, und strukturieren so unser Sein. Sobald wir eine Abfolge von Handlungen oder Phänomenen wie auch immer generalisierend beschreiben, tun wir dies nur unter einem Narrativ, dass rückwirkend unsere Handlungen, aber auch unser Denken, Fühlen und unseren Willen in der Welt bestimmt. Mit jeder Beschreibung legen wir uns auf eine bestimmte Weltdeutung fest und grenzen damit notwendigerweise andere aus. Wir verfestigen damit unsere Weltentwürfe, und damit die Möglichkeiten, die wir haben, uns darin zu bewegen. Wir können daran erkennen, dass wir uns in einem ständigen Kreislauf befinden, in dem bestimmte Narrative bestimmte Beobachtungen und Handlungen bedingen, und dass diese Handlungen wiederum das Feld möglicher Narration einschränken oder zumindest limitieren. Dies gilt für alle Lebenspraxen und Felder, oder, aus subjektiver-existenzialistischer Sicht, für jede Form von Verhalten aller Menschen. Wir wollen dies an zwei einfachen Beispielen verdeutlichen.

In vielen Fällen muss man das Verhalten oder die Kommunikation auf seine Struktur untersuchen, um Narrative herauszulösen. In manchem Fällen, wie etwa im Falle der amerikanischen Außenpolitik, liegt das Narrativ – ‚Unser Heil liegt darin, euch das (demokratische) Heil zu bringen!' – schon offener zutage und ist Gegenstand der öffentlichen Diskussion. Aus der Menge der Möglichkeiten, wie die Menge an Informationen über die politischen Ereignisse anderer Länder zu deuten ist, kann so ein Narrativ, so eine informationelle Form einen Reduktionsmechanismus bieten, der gleichermaßen als Beobachtungs- wie als Handlungsschema wirkt. Grundsätzlich andere Narrative verfügen über andere Beobachtungsschemata, andere Möglichkeiten sozialer Interaktionen, andere Rollen, andere Aufgaben und Ziele. Vor allem aber andere Wirklichkeiten und damit andere Resultate und Nutzeffekte. Das Narrativ setzt auf diese Weise die potenziellen Akteure in einen bestimmten Zusammenhang und Beziehung zu einer Auswahl von Phänomenen, die zu dem Narrativ passen. Alle anderen Phänomene, die darauf hindeuten könnten – etwa dass jede Nation über Selbstregulierungsmechanismen verfügt und die Hilfe der Vereinigten Staaten an sich nicht braucht – werden schlicht ausgefiltert. Wir müssen hier darauf aufmerksam machen, dass diese Perspektive, nämlich dass ‚demokratiebedürftige' Länder der Intervention Amerikas bedürfen oder eben nicht, selbst einem Narrativ unterliegt, nämlich: dass die Demokratie an sich (was auch immer zu einem gegenwärtigen Zeitpunkt darunter verstanden wird), ein favorisierter Zustand ist, zu dem alle Kulturen früher oder später hin tendieren. Darunter liegt die weitere Annahme (oder das Narrativ), dass Amerika (und auch Europa) selbst eine Demokratie ist. Dass dies nicht so ist, liegt auf der Hand. Amerika (und auch Europa) sind nur im intersubjektiven Werte- und Kommunikationsraum Demokratien; es ist unsere Weise, wie wir uns beschreiben, und vor allem: beschreiben möchten. Das Amerika de facto von seinen politischen Strukturen eine Plutokratie ist, sieht man nicht nur daran, wie stark die politischen Entscheidungen, und sei es ‚nur' in Bezug auf Klimawandel, von Wirtschaftsinteressen informiert werden.

Freilich favorisieren wir Geschichten, die wir irgendwie ‚wissenschaftlich' untermauern können. Doch auch hier haben wir es mit einem Beobachterschema zu tun, das aus der Menge der Ereignisse bestimmte selegiert und auswählt. Dass solche Schemata dabei zwangsläufig nicht nur reduktionistisch sind, sondern höchst fehleranfällig, braucht nicht ausdrücklich betont zu werden. Es kann aber nützlich sein hier schon zu erwähnen, dass solche Narrative in den meisten Fällen über eine vernestete Struktur verfügen, dass es also ineinander strukturierte Narrative gibt, die sich gegenseitig bedingen und ergänzen; ich werde in den folgenden Kapiteln auf diesen Wesenszug genauer eingehen. Das Narrativ ‚Unser Heil liegt darin, euch das Heil zu bringen' wirkt dann nicht nur als spezifische Handlungsanweisung und Bedingung zu Selbstverständnis. Es legt fest, wie aus amerikanischer Sicht ausländische Informationen zu filtern sind. Das Narrativ impliziert nicht nur, dass andere Nationen heilbedürftig sind und die Demokratie amerikanischer Fasson den gewünschten globalen Sollzustand darstellt, sondern dass die Amerikaner über die Verantwortung, das Recht und die Mittel verfügen, dieses Verfahren durchzuführen. Mehr als alles andere repräsentiert das Narrativ einen Konsens über diese impliziten und an sich singulären Vorstellungen, bildet ein Ganzes und gibt so dem informationellen Skript seine Gültigkeit. Noch höher aufgelöst gehen sogar Vorstellungen mit ein, dass der Zweck manchmal die Mittel heiligt, dass alle Kulturen denselben Entwicklungsprozessen unterliegen, und ja, dass wir alle in einer Wirklichkeit leben. Es zeigt aber auch auf das Selbstverständnis der Amerikaner, die im Krieg einen klaren Eigenvorteil haben, der nicht nur etwas über die eigene globale Vormachtstellung Auskunft gibt, sondern auch über sozialökonomische Faktoren. Es sagt aber vor allem auch etwas über das Demokratieverständnis der Amerikaner aus: ‚Wer über die (wie auch immer nominelle Fassung der) Demokratie als Staatsform verfügt, der bringt sie anderen.' Dieser nicht unbedingte Bildungs-, sondern Politikauftrag ist notwendiges Element der Demokratie amerikanischer Fasson. Mit anderen Worten: Der durchaus kriegerische Vollzug der Wandlung von ökonomisch-politischen Verhältnissen anderer Länder wird als das maßgebliche Element der Demokratie verstanden, zumindest in außenpolitischer Hinsicht. Ob mit der Demokratie tatsächlich ein solcher Politikauftrag einhergeht, ist als Frage dabei natürlich vollkommen unbedeutend, denn wir definieren ja kulturell unsere Narrative selbst; wir machen aus ihr, was wir eben machen wollen. Es gibt keinen universellen Standard der Demokratie, denn alles, was wir von ihr wissen, wissen wir durch unsere Narrative und Vorstellungen. Auch hier kommen wir ganz zügig wieder zu der Tatsache, dass für uns alle das wahr ist, was wir wahr machen. Das unbestimmte Andere impliziert auch, dass es keine Universalien gibt, die festlegen, wie etwas ist oder zu sein hat. Es ist dabei klar, dass während so ein Skript über Jahrzehnte oder gar Jahrhunderte dasselbe sein kann, die Umsetzung desselben stets variiert und Gegenstand der öffentlichen Debatte ist. Es enthält nicht nur Anweisungen dazu, wie bestimmte Ereignisse zu deuten sind und der Rest auszugrenzen ist, sondern auch darüber, wie ein bestimmtes Narrativ im konkreten Fall umgesetzt wird;

wenn es heute noch eine Aufgabe philosophischen Denkens und Agierens gibt, so liegt sie darin, kulturelle Narrative in ihrer Gesamtheit infrage zu stellen und zu thematisieren, während sie gleichzeitig in feiner Ironie ihre eigenen Narrative mitkommunizieren können. Es kann hier nicht deutlich genug gemacht werden, dass eine Metatheorie des Narrativs an sich nur eine weitere Weise ist, unser Welterleben und unsere Gesamtwelterfahrung zu strukturieren und das Nichts, das Chaos zu integrieren, indem wir es bewusst ausgrenzen und zum notwenigen Konstitut unserer Ganzwelterfahrung machen. Es ist damit gleichermaßen höchst kontingent und vollkommen bestimmt.

Aus entgegengesetzter Perspektive ist ein Narrativ eine mehr oder weniger komplexe Form, die Beobachtungen und Perspektiven organisiert und die in Erzählstrukturen einmünden kann. Durch Narrative versprachlichen wir Perspektiven und Beobachtungen. Und über Narrative, die wir mitteilen, ermöglichen wir es anderen, unsere Perspektive einzunehmen und unsere Beobachtungen nachzuverfolgen. Indem wir über unsere Beobachtungen sprechen, zeigen wir gleichzeitig, wie wir selbst zu Beobachtungen stehen und welchen Wert sie für uns haben. Und doch, obwohl diese Narrative unser gesamtes Verhalten strukturieren, sind sie größtenteils unbewusst. Wir agieren sie aus; im seltensten Fall wissen oder repräsentieren wir, dass wir die Akteure jener Narrative sind, die wir selbst gewählt haben. Ob wir ein beliebiges Ereignis auf diese oder jene Weise deuten und in unser Handeln einbinden, hängt vor allem von den Narrativen ab, die wir, via Sozialisation übernommen haben. Diese Sozialisation heißt in diesem Kontext nichts anderes als das Übernehmen- und Ausführen-können von bestimmten Narrativen.

Die derzeit öffentliche Debatte über Prostitution zeigt diesen Zusammenhang. Der heute den meisten Diskussionen zugrunde liegende Konflikt ist der zwischen dem radikal-feministischen Narrativ, dass die Frauen Opfer sind, die von Männern ausgebeutet werden, und dem eher liberal-feministischen Narrativ, dass es neben den tatsächlichen Missbrauchsfällen eben auch Frauen gibt, die diese Profession freiwillig wählen; die Menschenwürde dieser Frauen könne nun nicht durch Prostitution verletzt werden, vor allem, weil sie als selbst-verantwortliche Menschen letztlich die Entscheidung zur Prostitution fällten und am besten durch affirmative Gesetzesregelungen vor Missbrauch geschützt werden können. Es sind zwei Narrative, die notwendigerweise Weisen der Argumentation implizieren oder gar explizit machen: Prostituierte sind, so die eine Seite, im Wesentlichen bemitleidenswürdige Frauen mit einer Geschichte sexuellen Missbrauchs, die Freier keine ‚wirklichen' Männer, denn richtige Männer ‚brauchen' nicht zu Prostituierten zu gehen. Zudem seien ‚solche' Frauen Opfer des Patriarchats. Sie würden zum Großteil als Kinder missbraucht, und würden dem Sexismus unbewusst in die Hand spielen. Die Männer auf der anderen Seite hätten nicht nur ein Problem mit Treue und Disziplin, sondern sind das Übel der Gesellschaft; man müsse Prostitution verbieten und den Schweine-Männern, a lá Naomi Wolf, mit den High Heels ins Gesicht treten.

Darin eingebettet ist das Narrativ, dass die Prostitution an sich entwürdigend ist und keine gesunde und ökonomisch abgesicherte Frau die Prostitution als Profession wählen würde. Bei genauerer Betrachtung liegt darunter das weitere Narrativ, dass es größeren Schaden für Körper und Geist erzeugt, seinen Körper für Sex als für andere Dinge, derzeit legitime Arbeiten zu verkaufen. Das etwa Fließbandarbeiter, die zum einem Minimalverdienst arbeiten, dies unter Umständen anders sehen, versteht sich von selbst.

Die liberale Narration argumentiert dahingegen: Männer und Frauen aus allen gesellschaftlichen Schichten kaufen und verkaufen Sex, und jeder Einzelne hat das Recht, mit seinem Körper zu machen, was er wolle. Gängige Eheverträge, die auf dem impliziten Austausch von Sicherheit (Geld) und Sex beruhen, seien von solchen Arrangements technisch nicht zu unterscheiden; ein striktes Verbot der Prostitution löst nicht das Problem, sondern verschiebt es nur in den Untergrund. Ein Prostitutionsverbot zerstört ein soziales Überdruckventil, das vielen Männer aufgrund ständiger sexueller Reizüberflutung und Machtstrukturen einerseits und biologischen Notwendigkeiten andererseits, Abhilfe schafft, etwas, was die Kirche im Mittelalter übrigens deutlich wusste.[64] Nicht auszudenken, was in unserer Gesellschaft geschehen würde, verschwänden diese Überdruckventile, ohne dass sich auch die Strukturen ändern. Überdies sei es nur eine Dienstleistung wie jede andere auch, es redet ja niemand über Liebe; in vielen

64. Die Kirche duldete Prostitution für unverheiratete Männer. Sexualität, die nicht ausgelebt werden konnte, galt als noch bedrohlicher für die Gesellschaft.

Fällen kämen die Sexarbeiter, und seien es Ungarinnen oder Rumänen, nach Deutschland, um hier mehr Geld zu verdienen.

In jedem dieser Narrative werden Rollen und Perspektiven zugewiesen, Statistiken zitiert, Untersuchungsergebnisse präsentiert. Es wird klar: Es gibt hier keine wirkliche Wahrheit, sondern nur Verallgemeinerungen, die sich nicht sonderlich um die wirklichen persönlichen Narrative der einzelnen Frauen kümmert. Wir können nur Perspektiven erzeugen und darum kämpfen, wer wir als Kultur sein wollen, wie wir uns selbst beschreiben wollen. Das gilt für die Kultur als Ganzes wie auch die einzelne Sexarbeiterin und den einzelnen Freier. Beide müssen im Übrigen das Lügen lernen, um in unserer Gesellschaft überleben zu können. Und in bemerkenswerter Weise wird die Debatte von einem Problem gespeist, das selbst kaum Eingang in die Diskussion findet: Wir alle leben in einem, von Max Weber klar erkannten, gesellschaftlichen Spannungsfeld, in dem wir unter ständiger Dauerberieselung von (und Aufforderung zu) Sex stehen, um Produkte zu verkaufen, der Vollzug von Sex letztlich (nicht nur monogame Narrative) aber stark reguliert wird (als Kennzeichen und Relikt der Industrialisierung).

Es gibt überdies kein besseres Mittel zur Regulation des Menschen, als den Zugang zur Sexualität (und implizit: Liebe) sowohl für Mann als auch für Frau, knappzuhalten. Um dieses Spannungsfeld zwischen sexueller Dauerberieselung, biologischem Trieb und Blickzwang und der Dauerregulation andererseits (die selbst immer zwischen sexueller Freizügigkeit einerseits, der Schwangerschaftsmöglichkeit, der Furcht vor sozialen Ächtung und der Sorge um ihren Machterhalt oszilliert) tiefer zu verstehen, bedarf es schon eines foucault´schen Narrativs, um hierin ein lang angelegtes (und ja: evolutionäres!) Disziplinierungsprojekt zu erkennen, um die Menschwerdung selbst voranzutreiben. Wir werden uns weiter unten mit dem dualen Aspekt dieser Spannungsfelder genauer auseinandersetzen und zeigen, wie wir durch sie Narrative aufbauen, aufrechterhalten und verändern.

Für den Moment wollen wir festhalten, dass alle soziokulturellen und gesellschaftlichen Debatten und Konversationen von Narrativen gespeist werden, die letztlich kontingent sind und sich gegenseitig bedingen. Nur im sozialen Dialog offenbaren sich die Narrative und mögen expliziert werden. Und nur im sozialen Dialog kann man beginnen, die eigenen Narrative langsam seinen eigenen Vorstellungen entsprechend zu verändern. Dies gilt für die kleinen Apartheiten und Konfliktsituationen des alltäglichen Lebens wie für die großen Kosmologien und generellen Weltsichten, die wir für unser Leben als solches annehmen. Diesen narrativen Weltsichten, die unseren Umgang mit den Anforderungen, Krisen und Lebenspraxen im Alltag informieren, wollen wir uns nun zuwenden.

Beobachte das evolutionäre Narrativ

‚Brüder', schrieb einst der heilige Benedikt, ‚wollen wir daher den Gipfel der vollkommenen Demut erreichen und zu jener Erhöhung im Himmel rasch gelangen, zu der die Erniedrigung in diesem Leben emporführt, so müssen wir durch unseren aufstrebenden Wandel jene Leiter errichten, die Jakob im Traum erschien, woran, wie ihm gezeigt wurde, die Engel auf- und niedersteigen. [...] Die aufgerichtete Leiter selbst ist aber unser Leben auf Erden.'[65] Benedikt selbst, der Begründer des Benediktinerordens, der diese Zeilen wohl um 540 n. Chr. verfasste, hatte wohl keine Vorstellung davon, welchen Einfluss diese Geschichte auf unsere heutige Kultur haben sollte. Er schuf ein Narrativ, ohne das die heutige Entwicklungspsychologie in ihrer Form kaum bestehen würde. Ja selbst die Pädagogik wäre in der heutigen Form nicht denkbar, war ‚Entwicklung' doch schon im Rahmen der Lebensreform ein essenzieller Aspekt der Bildung.

Die Idee der Aufwärtsbewegung, die Hand in Hand geht mit der immer tieferen Demut und Selbstkenntnis, wir finden sie auch in soziologischen Theorien wie dem *Evolutionismus* und der *multilinearen* Evolution, also der jüngeren Einsicht, dass man unterschiedliche Kulturen nicht miteinander vergleichen oder Werturteile fällen kann, sondern dass man sie sowohl in ihrem eigenen geschichtlichen Kontext als auch in ihrer Anpassung an ihre Umwelten

65. Die Regel des hl. Benedikt, Kap 17.

betrachten muss.[66] Es findet sich auch in solch philosophischen Ansätzen wie dem Transhumanismus und der Idee, den biologischen Fortschritt des Menschen durch technische Mittel zu beschleunigen.

Seitdem im 19. Jahrhundert zunehmend der Gedanke in die Kultur Eingang gefunden hat, dass sowohl die kosmologische als auch die kulturelle und kognitive Geschichte evolutionären Kräften unterliegt, nähern wir uns zunehmend einem evolutionären Weltbild an, einem Weltbild, das den Anspruch hat, aufgrund einer einzigen Rahmenstruktur letztlich alle Phänomene einbinden und erklären zu können. Die akquirierte Datenmenge, auf die sich dieses Weltbild stützt, ist immens, und die Story häufig erzählt, am besten zuletzt vielleicht von David Christian mit seinem *Big History Project*.[67] Christian vermag es, die gesamte Geschichte des Kosmos durch mehrere Komplexitätssprünge zu erzählen, die nahtlos die Entwicklung von den ersten Elektronen nach dem Urknall zu dem menschlichen Bewusstsein und unserer Kultur heute aufzeigt. Diese Komplexitätssprünge kommen dabei durch simple Ausdifferenzierung und Variation zustande, bis die richtigen Bedingungen (‚Goldilocks-conditions') gefunden werden, damit durch Formen der Selbstorganisation neue Ebenen, die sowohl komplexer als auch zerbrechlicher sind, ermöglicht werden. Es lohnt sich, einen genaueren Blick auf dieses auftauchende evolutionäre Weltbild zu werfen, welches es auf fast magische Weise vermag, unsere

66. Marshall Sahlins u. Elman Service: *Evolution and Culture.* Vorwort Leslie White. University of Michigan Press Ann Arbor 1988

67. Vgl. http://bighistoryinstitute.org/big_history_project/

Stellung im Kosmos, unsere kulturelle Entwicklung von archaischen Stammeskulturen zu hoch-technologischen, demokratischen Staatenbünden, aber auch unsere individuelle Entwicklung vom Kleinkind hin zum Erwachsenen aufzuzeigen.

Im Verlaufe der letzten Jahrhunderte kam es zu einer immensen Ausdifferenzierung der Evolutionstheorie, sei sie rein naturalistisch (und streng wissenschaftlich), oder ergänzt durch Mystik, Spiritualität oder Philosophie. Als rein naturalistische Theorie umspannt sie Ansätze von etwa Dawkins Neo-Darwininsmus zu Stuart Kauffmans Komplexitätstheorie, Blooms Kollektivisten und selbst Kurzweils Transhumanismus. Als Theorien, die aus diversen Gründen über die rein naturalistische Erklärungen hinausgehen, finden wir das *Intelligent Design*, die Prozessphilosophie, die theistische Evolutionisten, die Integrale Theorie,[68] die versuchen, alternative Beobachtungen und Weltsichten, die streng wissenschaftlich nicht erfassbar sind, zu integrieren. Wir wollen uns hier nicht eingehend mit den unterschiedlichen evolutionären Theorien an sich beschäftigen, sondern uns klar machen, dass Evolution – was auch immer wir darunter explizit verstehen und welche Theorie wir formen oder als Wahrheit annehmen – als Weltbild und Weltverständnis immer an Sprach- und Erzählstrukturen (also an Narrative) gebunden ist, mit denen wir diese Datenmengen und unsere Beobachtungen zu strukturieren suchen. In psychologischer Domäne eine generalisierte Vorstellung, ist ‚Evolution' im intersubjekti-

68. Siehe Carter Phipps für eine umfassende Untersuchung aller evolutionären Ansätze, *Evolutionaries*, 2013

ven Sinne vor allem eine Erzählung, die im Detail variieren kann. In den seltensten Fällen sprechen wir über Statistiken und die eigentlichen wissenschaftlichen Daten, auf die sich das evolutionäre Narrativ stützt. Wir sprechen meistens über Interpretationen und Vorstellungen. Das evolutionäre Narrativ ist ein Narrativ, was uns im kommunikativen Austausch hilft, einen Grundzusammenhang unseres Erlebens herzustellen und mitzuteilen.

Es muss dabei besonders betont werden, dass es bislang keine einheitliche, konsensuelle wissenschaftliche Theorie der Evolution gibt, die sowohl die kosmologische, biologische, soziale und kognitive Domäne integriert, sondern nur eine einheitliche Narration von Allem. Dies an sich ist bemerkenswert! Ob wir jemals eine einheitliche (und ‚harte') Theorie haben werden, oder ob wir immer eine Theorie zweiter Ordnung, eine Metatheorie brauchen, um die Bereiche, die evolutionären Prozessen unterliegen, zusammenzuführen, vermag ich nicht zu sagen. Was genau den Urknall verursachte, welche übergreifenden und allgemeingültigen Prinzipien sowohl die kosmologischen, kulturellen und psychologischen Entwicklungen bedingen, wie genau neurologische und psychologische Ereignisse zusammenhängen, ist alles andere als erklärt. Tatsächlich aber nutzen wir im Alltag für gewöhnlich unterschiedliche Spielarten des evolutionären Narrativs, um moralische Ableitungen für unseren Alltag zu erzeugen, und sei es nur, sich in Phasen der Krise klarzumachen, dass eben diese notwendig sind, um neue Erkenntnisse zu haben und in neue Lebensphasen einzutreten.[69] Wie sehr das evolutionäre Narrativ dabei an altertümliche Vorstellungen wie

Sein und Werden gebunden ist, überrascht nicht. Selbst ein so mächtiges Narrativ wie das Evolutionäre braucht einen fruchtbaren psychischen Nährboden, auf den es fallen kann. Das evolutionäre Narrativ, in welcher Spielart auch immer, muss – ganz unabhängig vom empirischen Datengehalt – einen ganz tiefen Aspekt unseres Seins widerspiegeln, um für uns zugänglich zu sein. Und das heißt: Bei genauerer Betrachtung finden wir ‚hinter' dem evolutionären Narrativ eine kausale Perspektive auf Ereignisse und die Erzählung, dass die Gegenwart ein Resultat der Vergangenheit ist und die Zukunft aus der Gegenwart folgt. Dass dies nur leidliche Versuche des menschlichen Bewusstseins sind, die Komplexität der Welt zu binden, dass auch eine immerwährende Gegenwart denk- und wahrnehmbar wäre, wissen uns nicht nur die religiösen Traditionen zu sagen.

Insofern nutzen wir das evolutionäre Narrativ, um unser Leben und unsere Welt mit Sinn zu erfüllen und man kann ohne Übertreibung sagen, dass dieses Narrativ wohl das Mächtigste ist, was die Geschichte selbst hervorgebracht hat und dessen wir uns bedienen können. Es ist ganz eng gekoppelt an unsere Vorstellung von Pädagogik und Disziplinierung, an die Idee der Übungssysteme und des Athletismus – ja, Sloterdijks ganze Philosophie ist auf eine Weise mit diesem Narrativ verschränkt, dass er sogar eine allgemeingültige moralische Ableitung für den Alltag findet: Du musst Dein Leben ändern, denn wir können nicht anders, als uns stets neu zu erfinden, wir sind, so Sloterdijk,

69. Tatsächlich ist das eine der gängigen und besten Definitionen für Entwicklungsstufen, nämlich das Auftauchen und Bewältigen von bestimmten Krisen.

‚übende Lebewesen'.[70] Wir nutzen das Narrativ, um die Ereignisse in unserem Leben zu sortieren und in einen Zusammenhang zu stellen, wir ‚lernen' und ‚reifen', unsere Krisen führen zu neuen Erkenntnissen, und unsere Erkenntnisse summieren sich letztlich zu Weisheit und Glück. Die Idee, dass sich alles entwickelt, dass wir selbst kontinuierlich diesem Spannungsfeld ausgesetzt sind, dass wir von diesen Kräften getragen werden und uns dem Drift der Evolution – sei sie kulturell oder psychologisch – nur hingeben brauchen, ja uns nicht dagegen erwehren können, wird fast jeder im westlichen Kulturkreis nachvollziehen und nachfühlen können. Es spielt dabei keine Rolle, ob hier wirklich ein Tiefenverständnis evolutionärer Prozesse vorliegt, entscheidend ist die Gewissheit, dass das Weltbild und Narrativ nicht nur eine einheitliche Weltbeschreibung und Erfahrung des Individuums ermöglicht, einen Kohärenzeffekt gewissermaßen, sondern auch einen Synergieeffekt, dass wir alle, durch alle Gesellschaftsschichten, in derselben narrativen Wirklichkeit leben. Der Philosoph, der Wissenschaftler, der Beamte und der Hausmann, sie alle stehen letztlich vor denselben menschlichen Problemen und Hoffnungen, und jeder strebt und übt auf seine Weise, um die Bedingungen für die nächste Situation, für den nächsten Versuch besser zu machen. Dieser quasi autopoietische Gedanke durchdringt unsere soziale Wirklichkeit und zeigt den thematischen Grundzusammenhang unserer Zeit. Wir alle können dem Vortex dieses Narrativs nicht entkommen. Wir müssen und wollen und können uns selbst verändern, und es ist schwer, im alltäglichen

70. Peter Sloterdijk, *Du musst Dein Leben ändern*, 2009

sozialen Geschehen auch nur eine Kommunikation zu finden, die nicht irgendwo vom evolutionären Narrativ berührt wurde. Wir sind getrieben vom wirtschaftlichen, technologischen, lebensweltlichen, athletischen, spirituellen oder psychologischen Fortschrittsgedanken. Wir müssen unser Leben verändern, um unsere ökologischen, nationalen, internationalen, psychologischen, sozialen Probleme zu lösen, ja wir können diesem steten lebensweltlichen Spannungsfeld aus Problem, Lösung und neuem Problem nicht entkommen. En passant – so hoffen wir – wachsen und reifen wir dabei; dass dies aber alles einem Grundnarrativ unseres Seins zugrunde liegt, wird seltener ersichtlich.

Doch wie machtvoll das evolutionäre Narrativ ist, können wir in einem ganz anderen Zusammenhang viel deutlicher erkennen. Wenn die Postmoderne alle prämodernen und modernen Narrative ins Relative überführt hat, wenn alle Erzählungen enden, stellt sich natürlich die Frage, wie die Folgeepochen mit diesem Dilemma des Eintretens ins Relative umgehen. Welche Narrative, mit anderen Worten, soll man wählen, wenn sie letztlich alle absurd, relativ und nur teilweise gültig und anwendbar sind? Man muss freilich die relative Perspektive wieder verlassen und bestimmte Narrative wählen, obwohl man weiß, dass diese eigentlich absurd oder widerlegt sind. Eine Weise, solche Narrative zu wählen, besteht darin, ein historisches Narrativ zu wählen, was die Geschichte und Entwicklung aller vorherigen Entwicklungen einfangen kann. Und ein Narrativ, was dies ermöglichen kann, ist dieses evolutionäre Narrativ.

Wir werden in diesem Zusammenhang weiter unten auch das Wechselspiel zwischen ganz grundlegenden Prozessen der Psyche – etwa dass und wie wir durch Narrative unsere Wirklichkeiten formen – und ihrer schrittweisen Bewusstwerdung im Laufe sozialer Kulturprojekte und individueller Bemühungen betrachten. Wir alle sind an den narrativen Konstruktionsmechanismus gebunden, wir alle erfahren und begreifen das Leben als eine Serie von fortlaufenden Narrativen, jedes mit seinen eigenen Konflikten, Rollen, einem Anfang und Ende. Diese narrativen Strukturen sind zum Teil so tief in den Schichten unserer Psyche verborgen, dass wir nur selten unsere Aufmerksamkeit darauf legen. Bewusstwerdung heißt deshalb und in diesem Kontext auch immer, die tieferen Schichten der Psyche ans Tageslicht zu holen, zu integrieren, und die Weisen der Welterzeugung selbstreferenziell anzuwenden. Bewusstsein selbst liegt damit in einem Spannungsfeld zwischen grundlegendsten Konstruktionsprozessen der subjektiven und intersubjektiven Sphäre *und* der Aufdeckung desselben. Die narrative Konstruktion der Wirklichkeiten ist an sich keine neue Errungenschaft der Psyche. Es ist eine Alte. Was evolutionär betrachtet ‚neu' ist, ist, dass Kultur und Bewusstsein den Punkt erlangt haben, diese Strukturen und Mechanismen aufdecken und integrieren zu können. Was vorher Teil des Unbewussten ist, wird nun zum Teil des Bewusstseins. Bewusstwerdung impliziert stets zweierlei, nämlich die Ausbildung von höheren und komplexeren Strukturen durch Differenzierung einerseits und Aufdeckung von tiefen Strukturen der Psyche andererseits. Sobald wir uns die (autopoietischen) Gesetzmäßigkeiten der Psyche nutzbar machen wollen, so müssen wir in den Abyss des menschlichen Geistes hinabtauchen und das, was vorher im Dunkel lag, mit dem Lichte der analytischen Bewusstheit erleuchten. Autopoiese meint hier schlicht, dass die Psyche selbst die Elemente erzeugt, die sie zum Fortbestand ihrer eigenen Prozesse benötigt.

Unser kulturelles Bewusstsein ist ja, was das angeht, nicht mehr als eine Firnis über den viel älteren, ja archaischen Strukturen unseres Geistes. Unser kulturelles Bewusstsein ist nicht älter als ein paar Tausend Jahre, während darunter grundlegende Konstruktionsprozesse liegen, die eine viel längere Zeit die Wirklichkeit des Menschen bestimmten. Worin wir uns unterscheiden, ist, dass wir den Prozess der Selbstformung und Wirklichkeitskonstruktion (Autopoiese) nach und nach in den Prozess der Autopoiese integriert haben, dass wir über uns als denkende Wesen nachdenken können. Kulturleistung heißt auch immer, Aspekte des ursprünglichen, ‚mythischen' Denkens bewusst zu machen, aus der Tiefe des Geistes heraufzuziehen und neu zu kodieren. Worin wir uns von unseren Ahnen unterscheiden, ist womöglich, dass wir die vormals unbewussten Bereiche unseres Seins bewusst gemacht haben, hervorgeholt haben, integriert haben. Bewusstwerdung heißt also immer Wachwerdung von Prozessen (der Konstruktion der repräsentationalen Wirklichkeit).

Dass dabei auch Entwicklungsmodelle des Geistes auf Narrativen basieren, ist nicht nur mehr als intuitiv verständlich,[71] sondern wird jedem ersichtlich, der die vielen unterschiedlichen Entwicklungsmodelle und narrativen

71. Vgl. Gergen; a. a. O.

Perspektiven der Verfasser miteinander vergleicht. Jede diskrete Beschreibung psychischer Inhalte und Prozesse erfordert bestimmte Narrative, seinen es quasi-christliche in Freuds Modell von Ich, Es und Über-Ich, in denen der Mensch als das Dazwischen zwischen Gott und Tier sprachlich neu verinnerlicht und kodiert wurde, oder den expliziten Stufenmodelle, die ohne die Vorstellung der Jakobsleiter nicht denkbar gewesen wären. Welche Modelle wir auch immer dabei anwenden, um unser Inneres und unsere Entwicklung zu beschreiben, sind wir doch an Sprachmuster, Perspektiven und kognitive Tiefenstrukturen gebunden, um die Komplexität des psychisch Seienden in mehr oder weniger bekannte Begriffe und Beschreibungsprozesse zu überführen. Und doch können wir, was diese unbändige Komplexität der Psyche und ihre Entwicklung angeht, eben auch nicht die Bewusstwerdung und Integration von alten Strukturen – von Schatten und Komplexen, von Anima und Animus und anderen Komplexen – verdrängen, die zuweilen generationsübergreifend die Narration von Familien bestimmen und weitergegeben werden. Bewusstseinsinhalte, die letztlich archaischer Natur sind. Mit jeder weiteren Entwicklungsphase stehen wir in diesem Sinne nicht nur neuen Problemen, Krisen und Anforderungen gegenüber, die die jeweilige Entwicklungsphase mit sich bringt, sondern stehen auch vor der Aufgabe, die älteren, archaischen oder verschütteten Inhalte zu integrieren, derer wir uns erst durch die ‚Linse' der jeweiligen Entwicklungsstufe bewusst geworden sind. ‚Linse' meint hier also metaphorisch nichts anderes als eine durch ein Narrativ geführte Perspektive. Mit anderen Worten:

Mit jeder Entwicklungsphase und Stufe gehen auch bestimmte Narrative und Perspektiven einher, die wir nutzen, um uns selbst und die Welt zu verorten und zu beschreiben, um mit uns und der Welt handeln zu können. Sobald wir in und mit der Welt handeln, tun wir dies über Narrative.

Tatsächlich heißt Bewusstwerdung oder Bewusst-Sein also in vielen, wenn nicht in den meisten Fällen das Bewusst-Werden von Strukturen oder Prozessen, die vormals unbewusst waren, Aspekte des Seins, die wir im Verlaufe unserer eigenen Entwicklung erst erzeugt bzw. aktualisiert haben. Doch sobald wir über Bewusstheit sprechen, sprechen wir letztlich über Bewusstheit psychologischer Zusammenhänge. Was wie eine Binsenweisheit wirkt, dem wird von den traditionellen psychologischen Ansätzen auch Rechnung getragen. Ganz generell wir ja in der klassischen Psychoanalyse Wachstum begriffen als Kenntnis über die Tiefenstrukturen früherer Entwicklungsphasen, besonders was die Integration der oralen, analen und ödipalen Fixierungen angeht. In der Psychologie Jungs besteht der Individuationsprozess stets aus Bewusstwerdung und Integration der durch den Verlauf der Entwicklung selbst entstandenen Schatten- und Animus/Anima-Strukturen. Dasselbe gilt für Adlers Individualpsychologie als auch für die Gestaltpsychologie, die mit der Aktualisierung von nicht-integrierten oder dissoziierten ‚Figuren‘ und ‚Gestalten‘ der Psyche mit dem Ziel arbeitet, diese unter das bewusste Ich zu integrieren. Sogar die Verhaltenstherapie arbeitet implizit mit vergangenen Entwicklungsphasen, wenn sie von erlerntem Verhalten ausgeht (das ja nur in der Vergangenheit erlernt werden konnte), um dieses dem bewussten und zielgerichteten Prozess der De- oder Rekonditionierung oder des Lernens neuer Verhaltensweisen zu unterziehen.

Wir sind in diesem Zusammenhang weiter oben auf die Schwierigkeiten eingegangen, die mit der Versprachlichung und Verdinglichung von Prozessen einhergehen, sei es ‚der Psyche' oder ‚des Bewusstseins', und ihnen mit diesem sprachlichen Verfahren Eigenschaften zuzuweisen oder zu unterstellen, die ihnen zunächst gar nicht so zwingend inhärent sein mögen. Dasselbe gilt für einen Begriff wie ‚Entwicklungsstufen'; der Begriff legt nahe, dass wir hier Strukturen wie Leitern oder Sphären mit bestimmten und klar definierten Grenzen und Eigenschaften haben. Dies ist schlicht nicht der Fall. Viel angemessener wäre es, solche Entwicklungsstufen prozesshafter als Weisen der Weltbetrachtung und Kognition zu beschreiben. Oder besser: Als *Bewusstwerdung, in einem Spannungsfeld zwischen Höhenstreckung und Tiefenbeugung*, oder noch konkreter: Aus *Ausbau der evolutionären Distanz zwischen Höhenstreckung und Tiefenbeugung*. Selbst-Bewusstsein bedeutet immer, sich bis zu einem gewissen Punkt der internen Prozesse bewusst zu sein und sie integriert zu haben. Wir können höhere und komplexere Strukturen des Geistes ausformen, können gar weitere psychische Entwicklungsstufen anstreben, dies aber nur zu dem ‚Preis', immer grundlegendere Konstruktionsprozesse aufzudecken und zu integrieren. Was heißt Liebe? Und welche Systemleistung und Bedingungen sind erforderlich, um zu lieben? Nur durch die Beantwortung dieser Fragen können wir mehr – umfassender – lieben, eben weil wir die Bedingungen verstehen. Welchen kognitiven Regeln und Bedingungen unterliegt das Beobachten, der Wille, die Narration? Wollen wir etwas über die Konstruktion unserer Repräsentation der Wirklichkeit erfahren, ist es notwendig, eben die Bedingungen der Konstruktion einer tief greifenden Untersuchung zu unterziehen.

Wir können auf diese Weise beobachten, wie mit jeder Entwicklungsstufe, mit jeder Krise, die wir seit unserer Kindheit durchgemacht haben, auch unsere Bewusstheit über grundlegende Konstruktionsprozesse der Psyche steigt. Aus der Prä-Bewusstheit und der kognitiven Undifferenziertheit, mit der wir auf die Welt kommen, ist der Mensch zunächst mit Überlebensprogrammen beschäftigt, er erfährt sich als instinktives Wesen, erfährt Hunger, Müdigkeit und das Bedürfnis nach Sicherheit. Doch bald werden wir uns als das Handlungssystem bewusst, das wir sind, das in einer Umwelt handeln kann, als Wesen, das Einfluss nimmt auf seine Umwelt. Wir lernen, dass wir Objekte verschieben und manipulieren können. Hier werden grundsätzliche Fragen um Macht und Ohnmacht konditioniert. Wir lernen bald, Symbole und Sprache zu verwenden und damit nicht nur über Objekte zu sprechen, sondern auch über uns als Subjekte und unsere Motive, über unsere Gedanken, Intentionen, Gefühle, Emotionen und Stimmungen, viel ältere Strukturen also, die grundlegend unser Leben bestimmen. Wir lernen folgerichtig in unserer Erziehung, diese Aspekte unseres Seins nicht nur zu beobachten, sondern diese zu disziplinieren: Dies ist das große pädagogische Disziplinierungsprojekt der Moderne. Kinder müssen ihre Körper, Emotionen, Stimmungen und

Gedanken bis zu einem Punkte kontrollieren können, und allgemein wird genau dies ‚Lernen' genannt, unabhängig davon, was jetzt de facto auf dem Stundenplan steht. Was aber auch gelernt wird, ist, grundlegende Formen des Willens zu erobern, grundlegende Weisen der Selbstdisziplinierung und Selbstgestaltung, und damit ein Grundzusammenhang psychischen Lebens. Vor allem aber lernen wir dadurch, dass wir für unser Leben selbst verantwortlich sind. Wir erlernen bewusste Selbstverantwortlichkeit und mit etwas Glück haben wir dann die Möglichkeit und den Luxus, uns zu fragen und ins Bewusstsein zu heben, wer wir denn eigentlich sind ... obwohl wir freilich die ganze Zeit wir selbst sind. Mit jedem Schritt heben wir weitere Strukturen ins Bewusstsein. Es ist in diesem Sinne kein Zufall, dass sich der Campbell´sche Monomythos vor allem auch darum dreht, dem Abyss jenes geheime Wissen zu entreißen, das die Gemeinschaft und Kultur des Helden erneuert. Auch hier haben wir beide Tendenzen, das heldenhafte über sich selbst Hinauswachsen einerseits, das Hinunterbeugen in die Tiefe des Abyss andererseits. Hier, in der Dunkelheit und dem Abyss, erfährt der Held etwas über sich und die Welt; er entreißt dem Nichts, dem Absurden, neue Strukturen, er wirft Licht ins Dunkel. Seine Erkenntnis, sein Entdecken, ist in diesem Lichte vielmehr ein Formen, ein Erzeugen. Der Held ist damit jemand, der neues Wissen schafft, ein wahrer Mystiker, der wie Odysseus alle Winkel der Welt bereist, um dann siegreich heimzukehren. Jede höhere Entwicklungsstufe deckt Aspekte des psychischen Maschinenraums, deckt Prozesse auf, durch die wir werden, was wir sind.

Tatsächlich, und das wollen wir abschließend im Bewusstsein bewahren, ist Evolution vor allem erst mal ein Narrativ, und zwar ganz unabhängig, wie wir de facto vom Urknall (als ebenfalls narrative Erzählung) aus hierher kamen. Es ist eine Erzählstruktur, die man mehr oder weniger auf sein eigenes Leben als Weiterentwicklung und Selbstveränderung übertragen kann, aber nicht muss. Als Erzählstruktur hat es ganz bestimmte Eigenschaften; es hilft, unsere Beobachtungen, Sozialkontakte, Gefühle und Einsichten zu ordnen, unsere Zukunft zu gestalten. Und trotzdem ist es ‚nur' eine Erzählstruktur, nicht wahrer oder falscher als rein mythologische Beschreibungen der Welt. Die mythologischen Beschreibungen mögen heute nicht mehr an die Erkenntnisse der Welt angepasst sein. Sie bleiben aber trotzdem ein Narrativ, und damit eine Entscheidung, die Welt eben auf eine Weise zu beobachten. Dabei durchdringt das evolutionäre Narrativ unzählige Lebenswelten, seien sie nun explizit spirituell, seien sie pädagogisch, seien sie athletisch. Wir wollen uns entwickeln und verbessern; Lernen gehört zu einem Grundtrieb des Menschen, und wir wollen unsere Kenntnisse und Fähigkeiten verfeinern. Es ist, als ob mit dem auftauchenden 20. Jahrhundert auch eine Neuausrichtung im Selbstverständnis des westlichen Menschen stattgefunden hat. Angestoßen durch psychologische Erkenntnisse, den Import von spirituellen Praxen aus dem Osten im 19. Jahrhundert, aber auch Gegenbewegungen zum Kapitalismus wie die *Lebensreform* konfrontierten den Menschen mit Ansprüchen, die nur erfüllt werden konnten, wenn sich der Mensch selbst veränderte. Das Selbstverständnis des modernen Menschen veränderte sich grundlegend. Er begann, sich bewusst zu disziplinieren und zu üben, wenn üben heißt, die Grundvoraussetzung einer Tätigkeit in der Zukunft zu verbessern. Natürlich sind die religiösen Schuld- und Sühne-Systeme des Mittelalters ebenso Weisen der Disziplinierung und Veränderbarkeit des Einzelnen. Natürlich reichen die Praxen und Ursprünge der Selbstverbesserung bis ins antike Griechenland zurück. Doch die Idee der Selbstverbesserung trat erst mit der Idee des Individuums voll in unsere Kultur.[72] Was sich aber mit dem Beginn des 20. Jahrhunderts änderte, war, dass das Narrativ der Selbstbeschreibung in unsere Kultur einbrach; zunächst nur lokal, nun global. Es mag in der Natur des Menschen liegen, ein übendes Lebewesen zu sein. Als narrative Selbstbeschreibung fand dieses Selbstverständnis jedoch erst im 20. Jahrhundert statt, und hat einen Siegeszug hinter sich, dem sich kaum einer entziehen kann. Das evolutionäre Narrativ der Selbstveränderung und Verbesserung durchdringt, auf die eine oder andere Weise, jeden Teilnehmer unserer Kultur, mal in versteckter, mal in offenkundigerer Weise. Für viele passiert einfach Evolution und Selbstveränderung – durch sozialen, weltlichen schlichten Anpassungsdruck: Du kannst gar nicht anders, als dein Leben zu verändern, allein die sozialen, politischen, ökologischen und ökonomischen Verhältnisse zwingen einen zur steten Anpassung. Andere nutzen dieses

72. Wenn Sloterdijk schreibt: Die „immunitäre Verfassung des Menschenwesens meint, dass der Mensch bestrebt ist, sich zu perfektionieren, und zwar biologisch, sozio-kulturell (juristisch, militärisch, politisch) und symbolisch (Religion, Kunst)“, dann adressiert er genau diesen Zusammenhang.

Prinzip und dieses evolutionäre Narrativ explizierter und wenden es auf bestimmte Lebenspraxen an: als athletische, berufliche, technologische oder gar ästhetische Selbstoptimierung, als Form von Passion, die für das Eine oder Andere ausgeformt wird. Und die Dritten nehmen das evolutionäre Narrativ als eine Grundbeschreibung ihres Lebens an; man denke an die westliche Esoterik und die westliche Spiritualität seit dem 19. Jahrhundert, die durch die Affirmation der Evolution eine Sinnfindung für das ganze Leben ermöglichte. So oder so: Umso deutlicher, bestimmter und manifester ein Narrativ auf der einen Seite wird, umso deutlicher werden auch seine Grenzen, sein anders-möglich-Sein: Ein Narrativ, was alles erklärt, erklärt letztendlich gar nichts.

VERBINDE KOSMOLOGIEN UND NARRATIVE

Wie wir gesehen haben, nutzen wir gerne jene Erzählung, dass sich Kulturen sequenziell entwickeln, und zwar vom Einfachen hin zum Komplexen. Diese Geschichte besagt, dass wir als westliche Gesellschaft das dunkle Zeitalter des christlichen Mittelalters (das gemäß neueren Theorien und Narrativen womöglich gar nicht so dunkel war) überwinden mussten, um zu den technologischen, wissenschaftlichen, philosophischen und industriellen Errungenschaften der Moderne zu kommen, die ihrerseits den Weg ebneten für die hochkomplexen Formen und Erkenntnissen der Postmoderne. Und auch die Vorstellungen, Glaubenssätze, Narrative und Perspektiven der Postmoderne sind an ein Ende gekommen, und geben damit einer neuen Zeit die Möglichkeit, zu erblühen. Eine Ära, so hielt Arthur Miller einst fest, kann als beendet betrachtet werden, wenn ihre grundlegenden Illusionen aufgedeckt worden sind. Gemäß der kulturellen Entwicklungstheorie befinden wir uns jetzt in den Geburtswehen einer neuen, integralen, performativen oder auch metamodernen genannten Weltzeit – mitsamt neuen Perspektiven, Narrativen und Kosmologien, weil die grundlegenden Illusionen der Postmoderne aufgedeckt wurden.

Vor allem die von Don Beck begründete Rahmenerzählung[73] verweist gerne auf diese stufenweise Entwicklung von Kultur und Bewusstsein vom Einfachen zum Komple-

73. Vgl. Don Beck, *Spiral Dynamics*, 2007

xen, hin zu einer integralen Erzählung (als kulturelle Entwicklungsstufe nach der Postmoderne) zu der letztlich alle vorherigen Stufen konvergieren. Die generelle Idee hier ist, dass sich eine Art kulturelles Metabewusstsein entfaltet, weil aus der Summe der Teile ein komplexeres Neues entsteht. Diese ‚integrale' Kulturstufe kennzeichnet sich unter anderem dadurch, dass alle vorherigen Kulturstufen und Erkenntnisse affirmativ gewürdigt werden können. Jede kulturelle Entwicklungsstufe bringt Errungenschaften und auch Pathologien mit sich, die, wenn gelöst, den Weg ebnen für eine weitere, komplexere Stufe. Diese Erzählung besteht auch in der Affirmation, dass sich die Perspektiven und Einsichten aller vorherigen Stufen gegenseitig ergänzen, anstatt miteinander im Widerstreit zu stehen. Dieses Narrativ verfügt insofern über eine immense Anziehungskraft, weil sie in unserer pluralistischen Zeit ohne einheitliche Geschichte und Kosmologie (wie von Lyotard diagnostiziert) eine vereinheitlichte und übergreifende Geschichte anbieten kann, in der alle Phänomene ihren Platz finden. Wie wir sehen werden, ist das integrale Narrativ eine von vielen Möglichkeiten, das postmoderne Dilemma zu überwinden.

Im Kontext dieser Rahmenerzählung verfügt nun jede Kulturstufe (und jede Entwicklungsstufe des Geistes) über ein bestimmtes Netz von Narrativen, welches die Kosmologien, Perspektiven, Weltmodelle und Verhaltensweisen der Menschen informiert. Sprache informiert Kultur, und Sprachmuster und Geschichten die Art und Weise, wie wir Zeitgeist, Mode, kulturelle Strömungen und Historie verstehen. Nur über Narrative können wir die Komplexität der Zeit, in der wir leben, reduzieren und verstehen. Nur über Narrative können wir die Ereignisse, die vergangen sind, mit denen der Gegenwart in Übereinstimmung bringen. Nur über Sprache und Narrative können wir ganze Kosmologien formen, die auf die einzelnen Narrative zurückwirken. Dies tut jede Kultur, Subkultur in jeder Zeit auf andere Weise. Sie wählen ihre Rahmenerzählungen, und damit vernestete narrative Strukturen, die als Brille und normatives Regelwerk dienen, wie man sich verhält und wie man die Welt betrachtet.

Unsere westliche Kultur betreffend möchte ich zunächst drei dieser grundlegend vernesteten narrativen Strukturen hervorheben, nämlich die des christlichen Zeitalters, der Moderne und der Postmoderne. Obwohl nicht die einzigen Kulturstufen, sind sie doch die heute dominanten und daher leicht nachzuvollziehen. Ich werde diese narrativen Netze kurz zusammenweben und weiter unten in Form einer neuen Denkfigur weiter differenzieren und zu einer post-postmodernen Erzählung hinführen.[74]

Die grundlegende Kosmologie und Geschichte des christlichen Mittelalters ist und war die des fernen Patriarchen, in Form eines Gottes, der über die von ihm geschaffene Welt wacht. Dieses Narrativ hat Eingang bei allen abrahamitischen Religionen gefunden. Dem religiösen Dogma folgend, welches durch den fernen Patriarchen informiert wurde, müssen wir uns nach bestimmten Regeln verhalten, deren Befolgung uns ins Paradies bringt

74. Vgl. David Korten, *Change the Story, Change the Future*, der auf diese grundlegenden Kosmologien zuerst hinwies, sie jedoch nicht explizit mit den Kulturstufen in Verbindung brachte.

oder deren Nichtbefolgung den Eintritt in die Hölle nach sich führt. Das religiöse Dogma diente explizit dazu, die Menschen zu disziplinieren, sei es in Form von vorgeschriebenen Verhaltensweisen, moralischen Gesetze (Gebote), kirchlich überwachter Monogamie (durch die der Mensch sein triebhaftes (sündhaftes) Wesen zu überwinden suchte), sei es in den Schuld- und Strafe-Systemen wie dem Gefängnis und Strafvollzug, wie sie im Mittelalter institutionalisiert wurden. Die Kosmologie und Weltsicht, dass wir als Gottes Kinder im Zentrum des Universums leben, bündelt unzählige Narrative, die über die Bibel und religiöse Autoritäten Teil unserer Welt wurden. Es sind komplette Erfindungen, muss man dazu sagen. Doch man muss den kulturellen Wert dieser Tatsache anerkennen, dass sich eine Kultur dazu entschied, eine umfassende Kosmologie mitsamt Narrativen und Verhaltensanweisungen zu übernehmen, um letztendlich die Fähigkeit der Selbstkontrolle und die Kontrolle der instinkthaften Impulse zu verstärken, die in früheren Zeiten noch chaotisch Ausdruck fanden.

Von ganz besonderer Bedeutung war in dieser Kosmologie etwa die Vorstellung, dass ‚Arbeit' ein Segen sei, ein Universal des Menschen und Geschenk Gottes. Der Mann müsse es Gott gleich tun, sein Feld pflügen, seine Arbeit tun, seine Welt (Haus, Hof und Familie) erschaffen. Der Mensch, so das christliche Narrativ, sei nicht zum Müßiggang geschaffen. Dies war eine Vorstellung, die nicht nur durch die Lebensphilosophie der Ära der *Dolce Vita* nach dem ersten Weltkrieg, in der jede Form von Ambition als verdächtig betrachtet wurde, als kontingent (also auch als anders möglich) entlarvt wurde, sondern auch durch die Anthropologie, die zeigte, dass andere Kulturen, und sie müssen noch nicht mal archaischen Zeitalters sein, ganz andere Konzeptionen und Vorstellungen zur Arbeit haben. Dass der Mensch arbeitet, ja arbeiten muss, ist zudem im christlichen Narrativ eine Botschaft Gottes an den Menschen: Es erinnert ihn durch die dafür nötige Anstrengung daran, dass er ein Sünder ist. Denn ohne Sünde gäbe es diesen ‚Schweiß' und diese ‚Mühsal' nicht. So bestand dann auch mit Luther, Calvin und Franklin das Ideal darin, zu arbeiten, ohne dass die Arbeit oder der Lohn selbst einen Unterschied machen durften. Man sollte immer arbeiten.[75] Die Vorstellung Luthers, dass die Menschen aus jeder Klasse selig werden können, implizierte dann, dass der eine Beruf nicht besser oder schlechter als der andere Beruf sei; er ist sowieso eine von Gott gestellt Aufgabe. Um Gott wohlzugefallen, ist die Erfüllung der irdischen Pflichten, also die Arbeit, zu der er den Menschen *berufen* hat, unter allen Umständen der einzige Weg. Arbeit war damit ein Mittel der Selbstdisziplinierung, wie im Übrigen die Ideen der Kernfamilie und der Monogamie. All dies sollte mit dem Aufkommen der Moderne eine ganz besondere Rolle spielen. Klar ist aber, dass die christlichen Werte und Narrative sowohl durch Schuld/Unschuldskonzeptionen wie auch durch Scham und Schamlosigkeitskonzeptionen aufrechterhalten wurden, und die immer dann griffen, wenn die Selbst-Disziplinierung an den christlichen Werten

75. Bis sich die ersten Fabrikbesitzer durch die ständig betrunkenen Arbeiter in der Industrialisierung breit schlagen ließen, das Wochenende einzuführen. Vgl. Thaddeus Russell; *A Renegate History of the United States*, 2011

scheiterte und dem Müßiggang, dem Trunk, Spiel und der Hurerei anheimfiel.

Besonders war dies im Spannungsfeld zwischen ‚Ehrbarkeit' und Prostitution sichtbar, die entsprechend der christlichen Vorstellung zwar als sündhaft betrachtet wurde, die aber gleichzeitig wichtige kulturelle Impulse lieferte, die in das einmündeten, was wir heute als Frauenbewegung und Feminismus kennen.[76] Entgegen unserer heutigen Vorstellung wurde es im Mittelalter zunächst nicht als zwangsläufig sündhaft betrachtet, als Prostituierte zu arbeiten, überhaupt war man sich darüber gar nicht im Klaren, mit wie vielen Männern eine Frau schlafen musste, um als Dirne zu gelten. Die Tatsache, dass sie dafür Geld nahm, galt den wenigsten Zeitgenossen als unmoralisch. Es kam auf die Anzahl der Männer an, die die Frau zur Dirne machten – die Zahl rangierte zwischen 40 und etwa zwanzigtausend. Die Kirche tolerierte insofern zuweilen die Prostitution, denn sie betrachtete nicht ausgelebte Sexualität für als bedrohlicher für die Gesellschaft als die Prostitution selbst. So waren es eben die Prostituierten, die sich nicht nur dem puritanisch-christlichen Ideal nicht beugten, sondern viel früher als etwa die Suffragetten für eine gewisse Form von Selbstständigkeit standen, die für Frauen heute selbstverständlich ist. Viele Errungenschaften, die die aufgeklärten Frauen von heute für sich in Anspruch nehmen – und sei es nur die Verwendung von Kosmetik (die im Wesentlichen für die Prostituierten entwickelt wurde; seien es bunte Kleider (Schandfarben

76. Vgl. Thaddeus Russell; *A Renegate History of the United States*; 2011. Die Wurzeln des Feminismus liegen mit in der Prostitution.

genant; die ‚ehrbaren‘ Damen nicht tragen konnten, weil diese sich dem puritanisch-protestantischen Ideal gemäß nicht herausputzen durften); sei es das Rauchen oder dass sie heute ohne Anstandsdame oder Herren und in diesem Sinne alleine auf die Straße gehen können (Prostituierte führten zu diesem Zweck häufig Waffen mit sich) – wurden ursprünglich durch die Prostituierten in die Kultur eingeführt.[77]

Kurz: Immer dann, wenn wir uns heute schuldig fühlen, weil wir Regeln nicht eingehalten haben – seien es allgemein gültigere Regeln wie niemanden zu töten oder zu bestehlen hin zu kulturell bedingten, wie Monogamie und Enthaltsamkeit – können wir deren Ursachen nicht getrennt von dem Narrativ des fernen Patriarchen betrachten. Immer dann, wenn wir strafen oder bestraft werden, oder denken, das Schicksal bestrafe uns, immer dann können wir auch diese Denkweise nicht vollständig unabhängig vom Narrativ des fernen Patriarchen denken.

Die Moderne, um einen großen Schritt weiterzugehen, lässt sich am einfachsten (und wurde schon häufig) durch das Narrativ der großen Maschine charakterisieren, die die Geschichte des fernen Patriarchen ersetzt. Das Universum, so die neue Geschichte und frei vom göttlichen Walten, spult sich (durch die Wissenschaft relativ vorhersagbar) seit dem Urknall durch physikalische, chemische und biologische Prozesse ab und bringt uns Menschen hervor. Wie

77. Vgl. Thaddeus Russell, s.o., der in den Trinkern, den Faullenzern, den Dirnen und dem Abschaum die eigentlichen Freiheitskämpfern unserer westlichen Kultur erkennt, weil sie sich dem christlichen/puritanisch/kapitalistischem Dogma nicht beugten.

kleine Rädchen in einer großen Maschine begreifen wir uns Menschen als kleine separate Einheiten (Individuen), die in einem darwinistischen Wettkampf mit anderen um die besten Lebensbedingungen wetteifern. Hier werden Geld und Wohlstand zu Indikatoren dafür, wie ‚fit´, angepasst und erfolgreich ein Individuum ist. Das Individuum selbst wird hier als eine biologische und soziale Maschine betrachtet, ohne relevantes subjektives Innenleben, dessen Verhalten von Gehirnaktivität und Erfahrungen vollkommen bestimmt wird. Es gibt insofern keinen freien Willen. Die ‚Entscheidungen', die wir fällen, sind nicht wirklich freie Entscheidungen, weil die Erregungspotenziale im Gehirn, die uns zu Verhaltensänderungen führen, schon Sekunden vorher und unterhalb unserer Bewusstseinsschwelle automatisch ablaufen: Wir sind Maschinen, deren Gehirn die Illusion eines freien Willens erzeugt.[78]

Das Narrativ der großen Maschine findet so Eingang in alle Disziplinen und Bereiche des menschlichen Lebens, sei es die unsichtbare Hand, die die Wirtschaft leitet, sei es die Evolution als Ganzes. Es ist eine Betrachtungsweise, die unsere Ansichten und Perspektiven informiert. Narrative, die mit dem der großen Maschine zusammenhängen, laufen so immer auch auf die Performance des Individuums als Maschine heraus. Sichtbar wird die Unterordnung des Menschen unter die Maschine der Wirtschaft zu Beginn der Industrialisierung, wo er als austauschbares Arbeitselement dem Gefüge der Maschinen untergeordnet wurde. Das Leben des Einzelnen spielte keine Rolle, er wurde in Bergwerken oder Fabriken mit ihren großen Maschinen

78. Vgl. http://www.sciencedirect.com/science/article/pii/S0010027714001462

buchstäblich verheizt. Mit diesem Narrativ der großen Maschine gingen weitere Narrative einher, z. B. dass die Industrialisierung Wohlstand und Frieden für allen bringen würde. Gleichzeitig wurde das Narrativ der Demokratie eingeführt, welches zwar niemals – und auch heute nicht – der Realität entsprach, aber doch über genug Anziehungskraft verfügte, um die Menschen der großen Maschine unterzuordnen. Dieses Narrativ besagte, dass wir alle Einfluss auf die Form und die Zukunft unseres Landes haben. De facto war dies nie der Fall. Demokratie war und ist stets, wie schon gesagt, eine Narration oder eine Wertekommunikation, die nur im sozialen Diskurs eine Bedeutung hatte. In den faktischen sozialen Strukturen und Hierarchien hatte sie nie Relevanz; wir lebten und leben hier im Westen stets zwischen Oligarchie und Plutokratie,[79] in denen diejenigen die Macht haben und über die Zukunft entscheiden, die die wirtschaftlichen Rädchen der Welt am Besten stellen können.

Interessanterweise basierte der Kapitalismus auch auf der Erfindung und dem lutherisch geprägten Narrativ der Arbeitsethik, welches, gespeist durch religiöse Vorstellungen, von Anfang an auf der Unterdrückung des sexuellen Impulses basierte, wie Max Weber zeigte. Um acht, zwölf oder gar sechzehn Stunden die selbe Tätigkeit auszuüben, ist es erforderlich, die körperlich-instinkthaften – Wilhelm Reich würde sagen: chaotisch-orgasmisch-orgonotischen Impulse zu unterdrücken und zu kontrollieren, sprich: Sex, Tanz und Bewegung. Dies impliziert natürlich auch, andere, womöglich entartete Ventile zu finden. Kapitalis-

79. Vgl. Thaddeus Russell, a .a. O.

mus und eine puritanisch-protestantische Arbeitsethik, in der man nur um der Arbeit willen arbeitet, gingen so Hand in Hand. Sport als Mittel des instinktiven sich-Auslebens war verpönt, er konnte nur (und das gilt auch heute noch vielerorts) dafür dienen, die für die ‚physische Leistungsfähigkeit' notwenige Erholung sicherzustellen.[80] All dies hat freilich auch heute noch seine Auswirkungen auf die Arbeitswelt. Der eigentlich nicht selbstverständliche Gedanke der Berufspflicht wird auch heute jedem reifenden, jungen Mitglied der Gesellschaft indoktriniert, und zwar gleichzeitig mit einer restriktiven Sexualpolitik in Form von institutionalisierter Monogamie.[81] Eine Arbeitswelt aber, in der das instinkthaft Animalistische tatsächlich integriert ist, ist im Narrativ der Maschine undenkbar.

Ganz besonders sichtbar war dies in Deutschland im Übergang von modernen zu eher postmodernen Gesellschaftsstrukturen mit dem Nationalsozialismus, in dem nationale- und nach außen hin abgrenzende Interessen, Wirtschaftsinteressen und das (puritanische) Interesse zur Kontrolle der Sexualökonomie zu diesen gravierenden Formen der Selbst- und Fremdzüchtigung führten, vom BdM am einen Ende des Spektrums hin zur Massenvernichtung der Anderen am anderen Ende.[82] Erst auf den Ruinen gesellschaftlicher Strukturen konnte sich die 68er-Generation entfalten, und zwar als explizite Gegenreaktion

80. Max Weber, *Die Protestantische Ethik und der Geist des Kapitalismus*, 1904
81. Mit dem gleichzeitig erlaubten Ventil wie Spring Break, Ballermann, Pornografie und Techno-Kultur.
82. Vgl. Wilhelm Reich, *Massenpsychologie des Faschismus*, 1933.

auf die alt-väterlichen Strukturen, die den Krieg hatten überleben können.

Die Postmoderne entstand als Gegenbewegung zur Moderne und beendete die großen Erzählungen, die in der Moderne ihre Bedeutung gehabt hatten. Die Geschichte von der großen Maschine wurde durch die politischen, aber auch wissenschaftlichen (wie etwa in der Physik) und philosophischen Ereignisse und Erkenntnisse *dekonstruiert*. Das Resultat war das Narrativ der Dekonstruktion und Transgression aller kultureller Formen. Die Vorstellungen, dass wir durch Wissenschaft alles wissen können, oder dass die Industrialisierung allen gleichermaßen Wohlstand bringt, mussten aufgegeben werden. Doch dies ist nur die eine Seite der Medaille. Die Leere, die sich durch Mangel einer alles umfassenden affirmativen Geschichte ergab, wurde gefüllt von der eigentlich prä-modernen Erzählung der mystischen Einheit, die vor allem von spirituellen und ökologischen Subkulturen aufgegriffen wurde und die in der Allverbundenheit und All-Liebe des Kosmos besteht. Die Postmoderne befindet sich immer in diesem Spannungsfeld von Dekonstruktion (Transgression) und mystischer Einheit; ohne die Lebensreform, die Hippiekultur der Sechziger, ohne die Öko- und Gayabewegung wäre die Postmoderne so in ihrer heutigen Form undenkbar. Insofern findet die Kosmologie der mystischen Einheit Eingang in die diversen athletischen, spirituellen und amourösen Lebensformen oder Techniken, in denen man durch *Flow*[83] Zugang zu der Einheit oder eben zum Fluss des Lebens findet und die Grenzen des alltäglichen Egos hinter sich lässt. Verkoppelt mit diesen Narrativen ist dabei die Neubewertung und Erzählung der Subjektivität und Gemeinschaftlichkeit, die Camus so treffend auf den Punkt brachte mit seinem Narrativ: *Wir sind gemeinsam einsam.* Wir sind in unserer Subjektivität allein. Wir können uns zwar in unserer Subjektivität einander annähern und womöglich einen ‚intersubjektiven' Bereich ausformen, und doch können wir den Konstruktionszirkel der eigenen Kognition nicht wirklich verlassen. Daher waren der radikale Konstruktivismus und die Systemtheorie ein so bedeutender Einfluss auf die Postmoderne, denn sie informierten die Gaya- und neue Ökologie als Wissenschaft lebendiger – autopoietischer Systeme.

Doch auch in der Postmoderne mit ihren Bürgerbewegungen und ihrer Spiritualität finden wir die Einflüsse früherer Zeiten, besonders des puritanisch-protestantischen Ideal Luthers, dem wir uns nicht entziehen können. Martin Luther King (eigentlich: Michael King jr.) etwa setzte das lutherische, puritanische Ideal getreu um, damit die weiße, eben puritanisch gesinnte Bevölkerung Amerikas die Schwarzen assimilieren konnte. Er selbst predigte gegen Tanz, gegen außer- und vorehelichen Sex, verabscheute Jazz, während er gleichzeitig für die ‚weiße, protestantische Arbeitsethik eintrat. Er verleugnete, mit anderen Worten, die eigentlich traditionelle schwarze Kultur, um den Schwarzen die gleichen Rechte wie den Weißen zu

83. Ein mittlerweile populärer Begriff des Psychologen Mihaly Csíkszentmihályi, der damit einen Zustand innerer Ordnung und Einheit mit seiner Umwelt bezeichnet, wie er bei sportlichen (oder auch anderen) Gipfelerfahrungen eintreten kann und bei dem auch ekstatisch-ähnliche innere Sensation auftreten. Siehe: *Flow*, 2010

ermöglichen. Er assimilierte in dieser Hinsicht ‚weiße' Werte, während er die Tradition der Schwarzen mehr oder weniger verleugnete; also genau die Gegenstrategie, die Malcolm X verfolgte.

Diese merkwürdige Mischung aus prämodernen (rationellen) und postmodernen Werten finden wir in Deutschland auch in der Figur der Feministin Alice Schwarzer vereint, die gleichzeitig für die Frauenrechte eintritt, dabei aber eine reaktionäre protestantisch/puritanische Ethik hat und dabei tatsächlich selten wirklich liberal und gleichberechtigt denkt. Und auch in vielen spirituellen Bewegungen finden wir bis heute die seltsame Mischung aus protestantischem Arbeitsfleiß und dem Versuch absoluter Selbstkontrolle gepaart mit einer Unterdrückung chaotisch-sexueller Impulse. Tantra und Sex sind zwar erlaubt, aber nur in kontrollierter Form. Spirituell-tantrische Techniken, wie man jemanden durch ‚Energieübertragung', aber ohne Körperkontakt, zum Orgasmus bringt, haben Konjunktur. Das unbändige- körperlich Selbstausleben aber ist verboten, und ‚Gurus' die einvernehmlichen Sex mit ihren Schülern hatten, werden gerne in die Wüste geschickt: ein Hinweis darauf, dass hier das puritanische Anstandsgefühl verletzt wurde.

Es sollte deutlich geworden sein, inwiefern Kosmologien über das Wesen des Universums immer mit den dementsprechenden Geschichten zusammenhängen, mit denen wir es erzählen. Für jemanden, der sich im Vortex des Narrativs der großen Maschine bewegt, ergeben bestimmte und alltäglichere Narrative einen Sinn, während genau diese Narrative für jemanden, der sich der Kosmologie der mystischen Einheit/des Dekonstruktivismus verschrieben hat, keinen Sinn ergeben. Für den Modernen gilt, wie David Korten betont: *Zeit ist Geld*; für den Postmodernen indes: *Zeit ist Leben*. Es ist in diesem Kontext nützlich, sich bei der Wahl seiner Erzählungen immer zu fragen, welches grundlegende Narrativ oder welche Kosmologie seinen Überlegungen und Meinungen zugrundliegt.

Wollen wir uns nun der großen Erzählung nach der Postmoderne zuwenden, müssen wir die Postmoderne selbst dekonstruieren. Nur so können wir einen Blick auf das neue Ganze bekommen.

ÜBERWINDE DIE POSTMODERNE

Eine Epoche, so der Dramatiker Arthur Miller, kann als beendet betrachtet werden, wenn seine grundlegenden Illusionen erschöpft sind. Dies trifft freilich nicht nur für die Moderne, sondern ebenfalls für die Postmoderne zu. Besonders, wenn auch nicht erschöpfend, zu erwähnen wären hier die Erkenntnisse, dass Pluralismus nicht immer vorteilhaft ist,[84] dass Demokratie auf Selbstkontrolle und Unfreiheit basiert,[85] dass unsere Alarmgesellschaft und *political correctness* – als Phänomene einer postmodernen Gesellschaft – totalitäre Züge in sich tragen,[86] dass der Feminismus für die Ausgrenzung und den Missbrauch der Prostituierten mitverantwortlich ist[87] und dass ganz allgemein unsere postmoderne Gesellschaft autoritäre, unterdrückende und hierarchische Strukturen in sich trägt.[88] Doch die wahrscheinlich größte Illusion der Postmoderne, auf der wahrscheinlich alle anderen basieren, können wir bei dem ersten Diagnostiker des Postmodernen selbst entdecken. Als Lyotard nämlich vom Ende der Großen Erzählungen sprach, erzeugte er einen klassischen, in seiner Weise häufig in der Postmoderne auftretenden performatistischen Widerspruch, der die Erzählungen von

84. Vgl. Terry Eagelton, *The Illusions of Postmodernity*, 1996
85. Vgl Thaddeus Russell, a.a.O.
86. Vgl Slavoj Žižek über Policital Correctness: https://www.youtube.com/watch?v=5dNbWGaaxWM
87. Vgl Thaddeus Russell, a.a.O.
88. Vgl. Terry Eagelton, a.a.O.

Pluralismus, Universalismus, und Libertarismus maßgeblich einfärben sollten. Denn mit seiner Erzählung, dass die *Grand Narratives* enden und in unzählige Mikronarrative verfallen, führte er ja selbst eine neue, große, eben postmoderne Erzählung ein.

Der Begriff ‚postmodern' war ja lange nur ein Sammelbegriff für bestimmte psychologische und soziokulturelle Phänomene oder Verfahren, über deren Natur es keinen wirklichen allgemeinen Konsens gibt. Auch wir wollen hier lediglich mit ein paar Verallgemeinerungen arbeiten und nicht tief greifend literarische, architektonische, philosophische oder psychologische Aspekte des Postmodernen diskutieren. Das wurde schon zur Genüge von anderen getan. [89] Der Begriff des *Postmodernismus* bezeichnet dabei ganz allgemein unsere gegenwärtige Kultur (auch im Kontext von Literatur, Kunst, Kultur) während der Begriff der ‚Postmoderne' eine bestimmte historische Periode meint, in denen wir die klassischen Vorstellungen von Wahrheit, Vernunft und Objektivität, von Fortschritt und Allerklärbarkeit durch die Wissenschaft dekonstruiert haben. Alles in allem können wir uns dem britischen Kulturkritiker Alan Kirby anschließen und sagen: ‚Die Postmodernismus ist beendet!' [90]

Hinzu kommt, das mittlerweile mehrere kulturelle Entwicklungen zu beobachten sind, die mit neuen Paradigmen, neuen Narrativen, aber auch neuen Perspektiven über

89. Vgl. die Arbeiten von Jean-François Lyotard, Charles Jencks, George Bataille, Michel Foucault, Raoul Eshelmann und vielen anderen.

90. Vgl. Alan Kirby, *The Death of Postmodernism and Beyond*, Philosophy Now, No.58.

das, was wir als postmodernes Denken und Handeln beschreiben, hinausgehen. Um diese Entwicklungen zu verstehen, müssen wir zunächst einen Blick auf Postmodernismus und Postmoderne werfen. Klar ist, dass etwa der Begriff der Postmoderne überhaupt stets relativ unscharf genutzt wurde und spätestens seit dem 19. Jahrhundert Bewegungen in z. B. Kunst, Politik und Philosophie bezeichneten, die sich zunächst und explizit gegen Werte, Normen sowie Welt- und Lebensentwürfe der Moderne und damit zusammenhängend der Industrialisierung und Aufklärung richteten.

Es ist nun naheliegend, dass man nur dann etwas über das allgemeine Wesen des Postmodernismus sagen kann, wenn man eine den Postmodernismus überblickende Position bezieht, die versucht, das gemeinsame Element der verschiedenen als ‚postmodern' gekennzeichneten Werke und Verfahren herauszulösen. Wir finden so ein analytisches Werkzeug[91] bei dem Slawisten Raoul Eshelmann, dessen Werkzeug (‚Performatismus') nicht nur ein Beobachtungsschema für postmoderne Phänomene und Verfahren bereitstellt, sondern auch die Eigenschaften der des Postmodernismus nachfolgenden Epoche und Werke einfangen kann. Eshelmann zeigt u. a., dass postmoderne Werke Mittel verwendeten, die das Werk stets in die *Unbestimmbarkeit* führten und eine klare Zuordnung unmöglich machen. Und er steht mit dieser Einschätzung nicht allein: *Der Transgress ins Unbestimmte*, sowie die damit einhergehende Relativität, Kontextbewusstsein und Subjektivität,

91. Performatismus ist ein „analytischen Werkzeug und nicht eine Lebensphilosophie." http://www.performatism.de/What-is-Performatism

wurde vielfach als eines der wesentlichen Kennzeichen des Postmodernismus betrachtet.

Man denke im Kontext dieser Unbestimmbarkeit etwa an literarische Formen, wo mehrere Interpretationsebenen eine klare Zuordnung verhindern, oder an architektonische Bauwerke, wo eine Vermischung von modernen und prämodernen Stilelementen den Betrachter ins Unbestimmbare führen. Man denke auch an relativistische, ‚beobachterabhängige' Philosophien oder lebensweltliche Situationen in unserem Alltag, deren Deutung durch eine Veränderung des Kontextes ins Relative gezogen werden. Oder man denke eben an das von Lyotard beschriebene Ende der *Grand Narratives*, das eine einheitliche Welterzählung zunichte machte und uns damit alle in die subjektive und kontextabhängige Relativität und Unbestimmtheit stieß : Am Kern dieser Erkenntnis, dass diese großen Erzählungen – wie etwa dem Fortschrittsgedanken oder der Allerklärbarkeit durch die wissenschaftliche Methode – ihre Allgemeingültigkeit verloren haben, liegt die Erkenntnis, dass es sich bei unserem Wissen eben ‚nur' um Erzählungen und soziale Konstruktionen handelt – wie auch unsere Vorstellungen in Bezug auf Arbeit, Beziehungen, Evolution oder Entwicklung. Wir grenzen uns mit unseren kulturellen Konstruktionen von der Dunkelheit des Nichts ab, erzeugen Lichtungen der Selbstgewissheit, um uns von dem Nichts zu schützen[92]. Auch unsere wissenschaftliche Theorien basieren auf sozialer Konstruktion, und damit auf sozialer Datenerhebung und sozialen Erzählungen. ‚Wahrheit' wurde mit der Postmoderne also zu einem

92. Vgl. Matthias Thiele, *Das stolze Licht*, 2014

Begriff, der mit sehr viel Vorsicht zu genießen ist. Weil auch die Idee der Wissbarkeit durch wissenschaftlich-methodische Verfahren als *Grand Narrative* dekonstruiert wurde, müssen wir, solange wir postmodern denken, auch die Idee der objektiven Wahrheit aufgeben.

Transgress ins Unbestimmte: Das ist aber natürlich auch immer das Eintreten in das Andere, die Leere, das Verborgene. Das *Unbestimmte* ist immer ein Bereich, über den man zunächst nicht wirklich sprechen kann, befindet sich jenseits der Sprache. Und doch können uns ihm annähern. Tatsächlich hat ‚die Postmoderne' mit ihren unterschiedlichen Verfahren, Disziplinen und Sprachspielen unterschiedliche Weisen gefunden, sich diesem Erkenntnisbereich des menschlichen Bewusstseins anzunähern: In der Philosophie etwa als ‚Das Nichts', in der Psychologie als das ‚phänomenologische Kontinuum', in den mit dem Auftauchen der Postmoderne korrespondierenden[93] Importen aus östlichen Traditionen als ‚Leere', ‚Brahman' oder ‚Shunjata'. Es ist klar, dass es sich bei all diesen Beschreibungen des Anderen aus phänomenologischer Perspektive, wir erwähnten das schon, um *ein und denselben Erkenntnisbereich* handelt, an dem wir uns sprachlich abarbeiten können, und zwar je nachdem, welche kognitive, kulturelle und sprachliche ‚Brille' wir aufsetzen.

Wie wir das Unbestimmte also von Fall zu Fall auch nennen: Es kann nur vom Subjekt selbst erfahren werden, das sich diesem Seinsbereich öffnet, und letztendlich – die Transpersonale Psychologie scheint diese Ansicht zu bestärken – können wir diesen Seinsbereich nicht von den

93. Vgl. Tom Amarque, *Entwicklung als Passion*, 2011

menschlichen Bewusstsein trennen. Je nach Einsicht und kultureller Sprachform vermag das Unbestimmte hier als Substrat des Geistes, als das eine Bewusstsein, an dem wir alle teilhaben, als unser eigener Seinsgrund zu erscheinen, aus dem sich heraus das konkrete Denken irgendwie kristallisiert. Wir wollen diese Annahmen fürs Erste hier so stehen lassen und weiter unten auf diese Dichotomie aus kognitiver Form und Formlosigkeit klarer eingehen.

Das Primat des Subjektes, welches in das Unbestimmte übergeht: Wir finde es im Übrigen auch in Batailles und Foucaults Betrachtungen der Erotik, und zwar als die Dichotomie von Tabu und Transgress. Hier ist die Transgression der zentrale Aspekt der Erotik und der religiösen oder mystischen Erfahrung. Folgt man Bataille, ist Transgression nicht nur Hedonismus. Die Kraft der erotischen, religiösen oder mystischen Erfahrung besteht in dem Spiel zwischen Tabu und Überschreitung des Tabus, also der Transgression. Sie aber führt stets in ungekannte Bereiche. Soweit unsere zugegebenermaßen skizzenhaften Überlegungen zur ‚Postmoderne'.

Wir können nun seit einiger Zeit in der Kunst, Philosophie und Architektur nun ein neues Paradigma beobachten, die über ‚die Postmoderne' hinausgeht und deren Thema eben nicht der Transgress ins Unbestimmte ist. Beispiele dafür finden wir in der *Pseudomoderne*, der *Metamoderne* oder auch der *Hypermoderne.* Ihnen eigen ist, dass die ontologische Leere des Postmodernismus, die mit der Dekonstruktion der Großen Erzählungen auftauchte, und damit die (paradoxerweise: große postmoderne Erzählungen) der Transgression ins Unbestimmte überwunden wird.

[94] Im Mittelpunkt steht in hier das agierende Subjekt, das nicht mehr nach absoluter Wahrheit sucht, sondern sich für Wahrheit entscheiden kann; die Unbestimmtheit und das Relative *wird durch bewusste Akte* überwunden.

In diesem post-postmodernen Zusammenhang gehören dann etwa alle Medien oder Texte, dessen Inhalt und Dynamik durch den Teilnehmer oder Betrachter erfunden oder geführt werden oder die den Beobachter selbst zwingen, einen konkreten Standpunkt einzunehmen.[95] Man denke etwa an das Buch ‚Schiffbruch mit Tiger' von Yann Martel, das durch seine innere Struktur den Betrachter zwingt, aus der Ambiguität der Erzählung herauszutreten und wieder eine konkrete Weltdeutung vorzunehmen – ganz im Gegensatz zu dem Programm der Postmoderne.[96] Das heißt, die Handlung des Individuums wird zu einer wesentlichen Bedingung des Kulturprodukts und der Beobachtung selbst gemacht. Durch arbiträre, willkürliche Akte überwinden wird die Unbestimmtheit und kommen wieder ins Bestimmte, obwohl oder gerade, weil wir wissen, dass diese Operation eigentlich widersprüchlich ist. Mit diesem willkürlichen Akt geht insofern immer eine absichtliche Selbsttäuschung[97] einher, denn die Inszenierung und Darstellung einer Wahrheit kann an sich nicht wahr sein und auch die Bildung einer kohärenten, holistischen Identität kann nicht existieren. Aus diesem Grund geht mit der post-postmodernen Haltung auch immer *Ori-*

94. Vgl. Raoul Eshelman, *The End of Postmodernism*, 2007.
95. Vgl. Kirby. A. a. O.
96. Vgl. Raoul Eshelman, a.a.O.
97. Vgl. Eshelmann, a.a.O.

ginalität und *Innovation* einher, die die Errungenschaften der postmodernen Philosophie, Kunst, Wissenschaft und Literatur zwar integriert, aber nicht zögert, die gegebenen Regeln auch zu brechen, um etwas Neues zu erzeugen.[98] In diesem Sinne impliziert post-postmodernes Denken auch, zwischen den modernen und den postmodernen Weisen der Weltgestaltung und Betrachtung oszillieren zu können, und damit auch zwischen Enthusiasmus und Ironie, Empathie und Apathie, Leistungsdenken und Kreativität, Egoismus und Gemeinschaftsdenken. Der ‚Post-postmoderne' kann, folgt man dementsprechend der Konzeption des *Metamodernismus*, damit je nach Umstand alle Haltungen einnehmen und ist nicht begrenzt auf bestimmte moderne oder postmoderne Verfahren, Praktiken oder Weltsichten.[99] Der Metamodernismus selbst ist dabei keine Rückkehr zu naiven modernen Positionen, sondern besteht in einem Spannungsfeld und in einer Schwingung zwischen modernen und postmodernen Haltungen, die stets zischen Konstruktion und Dekonstruktion, Apathie und Affekt, Naivität, Pragmatismus hin und her pendeln und dabei eine Art dem übergestellte Position erlangen, *so als ob* diese Position tatsächlich erlangbar wäre. Aus dieser Haltung heraus kann man gleichzeitig ironisch und ernsthaft, konstruierend und dekonstruierend sein, ohne das das eine das andere negiert oder entkräftet.[100]

98. Vgl. Md. ZiaulHaque's *Give Me a Sky to Fly: The Beginning of Post-postmodernism in Literature*, International Journal of Humanities and Social Science Invention; Fahmida Kabir Chowdhury, Muhd. Mustafizur Rahman & NusratRikza
99. Timothy Vermeulen, *Notes on Metamodersim*, Journal of Aesthetics and Culture.

Diesen Moment des ‚als-ob' können wir besonders anhand des Performatismus von Raoul Eshelmann beobachten.[101] Er argumentiert, dass es neue Entwicklungen z. B. in der Architektur, Literatur und Philosophie gibt, deren Werke vor allem darin bestehen, eine vereinheitlichende und künstlerische *vermittelte Erfahrung der Transzendenz* zu ermöglichen. Dies geschieht dadurch, dass „in sich geschlossene" (also nicht mehr von einem Kontext abhängende) Werke erzeugt werden, die den Betrachter dazu zwingen, sich mit bestimmten Aspekten zu identifizieren, um solche Dinge wie Schönheit, Liebe und Transzendenz unter künstlichen Bedingungen zu erfahren. Auf diese Weise wird die Unbestimmtheit, Ironie und der Relativismus der Postmoderne überwunden. Zu diesem Zwecke nutzt der Urheber post-postmoderner Werke letztlich „dogmatische, rituelle oder anderweitig erzwingende Mittel". Das heißt, man ist gezwungen sich mit einem post-postmodernen Werk zu identifizieren, obwohl man weiß, dass diese Identifikation in letzter Hinsicht willkürlich oder absurd ist. [102] In Literatur und Film sieht man das daran,

100. Vgl. http://www.metamodernism.com/2015/01/12/metamodernism-a-brief-introduction/

101. Vgl. Raoul Eshelman, a. a. O.

102. Dem aufmerksamen Leser wird nicht entgangen sein, dass dies der eigentlich post-postmoderne Akt dieses Buches ist: Wir erzeugen ein narratives Bewusstsein, in dem Glauben dass es bestehen kann, obwohl wir keinerlei Erfahrungswerte davon besitzen. Wir nutzen hier beispielsweise injunktive und dogmatische Mittel, um zu einer Einheitserfahrung zu kommen, und zu einem Bewusstseinszustand, aus dessen Perspektive alles narrative *techné* ist, d. h. Technik wie auch Lebenskunst. Wir überwinden unseren Unglauben und entscheiden uns für bestimme Narrative, als wen sie wahr wären. Dadurch werden sie wahr.

wenn „das Narrativ auf eine weise konstruiert ist, dass der Betrachter keine Wahl hat außer seinen eigenen Unglauben zu transzendieren und die Performance zu akzeptieren, die durch den Film vermittelt werden." Eshelmann sieht ihm Zentrum dieses Verfahrens das ‚konstruierte Subjekt', das an sich über keine besonderen Eigenschaften verfügt außer jener, sich auf verschiedene Weise transzendieren zu können, um dadurch die Limitationen des Selbst zu überwinden. Es erzeugt Transzendenz durch die Performance des ‚als-ob'. Dadurch kommt es zu einer neuen Welterfahrung, nämlich indem es künstliche Bedingung erzeugt werden, durch wie wir all jene Dinge erfahren können, die in der postmodernen Denkeweise Illusionen sind, wie etwa Liebe, Schönheit, Transzendenz et cetera.

Aus dem Unbestimmten herauszutreten, zu schöpfen und sich für bestimmte Welt-Entwürfe zu entscheiden, dies ist aber auch immer ein künstlerischer Akt. Und wir können schon an diesen skizzenhaften Betrachtungen sehen, dass jedem dieser post-postmodernen Ansätze eine operationale Haltung, ja ein Wille, zugrunde liegt, ein explizites Programm des in-die-Bestimmtheit-Gehens – oder um mit Heidegger zu sprechen: Des In-der-Welt-Seins – das ihren Schwerpunkt eher in der Auflösung postmoderner Relativität und der Transgression ins Unbestimmte hat, als einer Steigerung derselben. In jedem dieser Ansätze wird dem unbestimmten Anderem, in dass das postmoderne Denken stets führt, durch einen arbiträren Akt der Sinnsetzung entgegengetreten, die die Kontingenz der Welt- und Selbstbeschreibung auflöst. Wir müssen stets dem Unbestimmten aufs Neue entgegentreten und uns neu erfinden, oder besser gesagt: Wir müssen aus der Unbestimmtheit heraus neue Weltentwürfe bilden. Wir können nicht ewig in der Unbestimmtheit und dem Relativen verweilen. In jedem dieser Fälle, und das scheint ein besonderes Kennzeichen zu sein, scheint ‚der Post-Postmoderne' sich selbst zu befähigen, seinen eigenen Operationen, seine eigene Herkunft, reflexiv zu thematisieren und zu integrieren, d. h. ohne Präferenzen bestimmte historische Haltungen gegenüber, während mit diesen Operationen gleichzeitig eine höhere Freiheit und Kreativität einhergeht. Mit anderen Worten: Post-Postmoderismus heißt, sowohl das Sein wie das Nichts, die Form und die Formlosigkeit in seine eigenen Operationen integrieren zu können und sich für Weltentwürfe und Erzählungen zu entscheiden in dem Wissen, dass sie auch immer anders möglich sind. Die Narrative der Moderne und Postmoderne können frei gewählt werden. Dies impliziert eine Bewusstheit über Narrative und Narrationen. Psychologisch formuliert: Solange wir uns in der Transgression ins Relative befinden, agieren wir postmodern. Füllen wir aber den vorher leeren Raum ganz bewusst mit bestimmten narrativen Formen, so gehen wir in die Post-postmoderne über. Narratives Bewusstsein, welches dieses Prinzip nutzt, ist daher immer ein post-postmodernes Bewusstsein. *Es besteht darin, dass das Subjekt seinen eigenen Unglauben überwinden und sich für bestimmte Narrativ entscheiden kann, so als ob sie wahr wären.* Auf diese Weise erzeugt es nicht nur sich selbst, sondern seine Repräsentation der Wirklichkeit, seine Weltform.

Aspekte wie diese müssen im Übrigen auch für eine noch ausstehende, voll-entfaltete, integrative post-postmoderne Philosophie gelten, wie sie auch immer aussehen mag. Philosophie, die stets Deskription persönlicher Erfahrungswelten und sozialer Weltbilder war, war gleichzeitig auch immer die Explikation diskreter Narrative ihrer Urheber, mit denen sie sich gegen andere Welterfahrungen und Deutungen abzugrenzen versuchte, anstatt sie integrieren zu können. Philosophie war bislang immer Diskurs persönlicher Narrative, also bestimmter Erzählstrukturen, mit denen man sich selbst und der Welt Sinn und Bedeutung vermittelt. Dass der einzige Ausweg aus einer immer ins Relative führenden postmodernen Philosophie besteht aus diesem Grund immer darin, eine solche Philosophie an eine *techné* zu binden, die zeigt, wie die Philosophie umgesetzt werden kann. Die Philosophie muss also nicht nur die Kapazität haben, frühere Weisen der Weltbetrachtung und Beschreibungen einzubinden, sie muss darüber hinaus selbstreferenziell genug sein, ihre eigenen narrativen Strukturen offenzulegen. So eine operationale Philosophie muss dabei nicht nur ihre eigenen Konstruktionen offenlegen; sie muss zudem allgemeine Weisen der Weltbetrachtung aufdecken, und anleiten, *wie genau* man dies tut. Ein solches Unterfangen wird also in diesem Sinne auf die Performance des Beobachters abzielen und ihm die Möglichkeit geben, sich dazu entscheiden, bestimmte Erfahrungsbereiche zu erschließen und dadurch seine eigenen Begriffsrahmen und Weisen seines Weltverständnisses in Richtung einer höheren Ordnung zu transzendieren. So eine Philosophie basiert insofern auf der Performance des Beobachters, der individualisierten *téchne*, also der Technik, der Kunst und dem Handwerk post-postmodernen Handelns. *Téchne* wird also hier als eine fröhliche, weil narrativ freie Lebenskunst verstanden.

Mit anderen Worten: Jede Philosophie basiert auf bestimmten Narrativen. Einfach zu sehen ist das etwa an Sloterdijks Vorstellung der *Anthropotechnik*, die ohne einen ihr zugrunde liegenden und irgendwie gearteten kausalen Fortschrittsgedanken buchstäblich undenkbar wären. Eine Philosophie, die über die Postmoderne hinausgeht, muss in diesem Sinne immer eine Ironie sich selbst gegenüber mitliefern, denn sie selbst ist ein Konstrukt aus der Leere, die nur durch eine operationale ‚als-ob'-Haltung zustande kommen kann. Sie muss sich ihrer eigenen Kontingenz bewusst sein und diese Kontingenz stets einbetten. Obwohl sie wahr ist, so das Credo, kann sie nicht wahr sein (und ist paradoxerweise deshalb wahr). Und aus demselben Grund muss so eine Philosophie, sollte sie einmal formuliert werden, stets ihre *téchne* mitliefern, also die Art und Weise, für wie und für was man sich entscheidet und diese Entscheidung konzeptionell umsetzt.

Um nun ein wenig schärfer Beobachterperformance und *téchne* zu illustrieren, und um die den feinen Unterschiede zwischen alter und neuer Kulturzeit zu bestimmen, wollen wir die Denkfigur der Grenze nutzen. Wir wissen, dass Grenzen immer willkürlich gesetzt sind, sei es in geo-politischer, sozialer oder psychologischer Hinsicht. Man könnte sogar mit den Konstruktivisten argumentieren, dass die individuelle Entwicklung des Nervensystems in nichts anderem besteht, als mit wahrnehmbaren Grenzen umzugehen und die eine sinnlich wahrnehmbare Form von der anderen zu trennen. Grenze und Grenzbildung gehören zu einem fundamentalen Prozess menschlicher Kognition. Wir grenzen etwa eine Vorstellung von einer anderen ab; wir ziehen Grenzen zwischen der Einheit und dem Hintergrund unserer Beobachtung. Nur durch Grenzziehung können wir die eine von der anderen Form, das eine von dem anderen Narrativ unterscheiden. Eine Grenze ist nicht nur ein semantische Spielerei, sondern ein essenzieller Teil unserer Kognition. Wir kommen nur zu den Formen, die wir erleben, dadurch, dass wir sie von anderen Formen abgrenzen können. Sobald wir solche Grenzen aufheben, verändern wir die Formen in phänomenologischer Hinsicht selbst, seien es die Repräsentation materieller Formen, seines es rein subjektive, kognitive Formen.

Da ein Narrativ selbst immer in der Überführung einer Beobachtung in den intersubjektiven Raum besteht, muss zwangsläufig auch die Grenze und Grenzziehung, durch die unsere Beobachtungen bestehen, mit in den intersubjektiven Raum eingehen. Narrative und Weltbilder werden in dieser Hinsicht notwendigerweise durch die Grenzen erzeugt, die sie selbst mitliefern; und das ist, wie wir sehen werden, auch der Immunisierungsprozess, durch den andere Narrative und Weltbilder ausgegrenzt werden können. Gesellschaft muss sich in zunehmendem Maße bewusst werden, wie sie mit welchen Grenzen umgeht, sie verschiebt, verändert, überschreitet oder gar aufhebt. Wer früher ausgegrenzt wurde aufgrund von Geschlecht, Herkunft und Ethnie, wird nun eingegrenzt. Auch muss

Gesellschaft gewährleisten, dass andere Grenzen, wie zum ungeheuren Nichts, stets verborgen gehalten werden, denn eine Kultur ohne diesen Immunisierungseffekt würde ihre Kohäsion, ihre Bindungskräfte verlieren. Individuen ständen sich gegenüber ohne bindende Narrative, die nicht nur das Miteinander, sondern das Handeln an sich ermöglichen. Wenn es tatsächlich eine soziale Evolution gibt, dann kann sie nur darin bestehen, eine Bewusstheit zu Grenzen aufzubauen, sie zu formen, während sie gleichzeitig die Kontingenz der Grenzen mitliefert.

Vor allem aber wollen wir anhand der Denkfigur der Grenze kennzeichnen, wie das Verhältnis von Form und Formlosigkeit/Chaos/Leere auf jeder Kulturepoche und Reife- bzw. Entwicklungsstufe der Psyche geregelt wird. Jede Epoche, jedes Bewusstseinsstadium tut dies anders. Ich will an dieser Stelle also keine detaillierte Beschreibung von sich entwickelnden Kultur- und Bewusstseinsstufen anfügen,[103] sondern lediglich einen vereinfachten Schematismus oder eine Denkfigur aufzeigen, mit der man zeigen kann, wie jede soziale und psychologische Stufe unterschiedlich das Verhältnis von Form und Formlosigkeit regelt. Anhand dieser Regelung und dieser Weise, wie wir mit der Grenze zwischen Form und Formlosigkeit umgehen, können wir dann auch bestimmte Narrative und Narrationen bestimmen oder ableiten. Das heißt, unser jeweiliges Verhältnis zum Formlosen definiert auch immer

103. Dies haben zu genüge andere getan, siehe etwa Susanne Cook-Greuter, a. a. O. oder Don Beck, *Spiral Dynamics*, 2007; siehe auch Ken Wilber, *Integrale Psychologie*, 2004

die Geschichten, durch die wir uns selbst und die Welt erzählen.

Es ist in dieser Hinsicht kein Zufall, dass sich die kulturelle und psychologische Entwicklung anhand der Denkfigur Grenze skizzieren lässt und daran, wie wir in kognitiver und sozialer Hinsicht mit solchen Grenzen umgehen. Das christliche Mittelalter etwa, das schon von vielen Anthropologen und Geschichtsforschern als eine Zeit verstanden wurde, in der gleichermaßen normative Regeln aufgestellt wurden, um nicht nur das Zusammenleben zu gewährleisten, sondern dem Mitglied die Möglichkeit gegeben wurde, zu lernen, anhand von Regeln zu leben, kann unter dem Kennzeichen und dem Paradigma der *Grenzbildung* verstanden werden. Der lebendige Mythos wurde durch Regeln des Zusammenlebens ersetzt. Doch das christliche Zeitalter zeichnete sich als erste westliche Kulturepoche dadurch aus, dass ein ernstes Disziplinierungsprojekt eingeführt wurde. Gott (und seine Propheten) sowie der Staat gaben die Regeln und Grenzen des sozialen wie moralischen Verhaltens vor. Regelverletzungen wurden durch teils drakonische Strafen geahndet. Zum ersten Mal in der Geschichte der Menschheit wurden differenzierte Gesetzesbücher entworfen, die für alle gültig waren. Das Buch der Bücher, die Bibel, lieferte dabei die narrative Grundlegung für die rechtlichen und moralischen Grenzsetzungen. Auch heute sagen wir noch unseren Kindern, die sich auf der äquivalenten geistigen Entwicklungsstufe befinden, sie müssten Grenzen lernen; und es ist kein Wunder, dass es sowohl kulturell wie auch psychologisch immer wieder Delinquenten gibt, die die Grenzen überschreiten und Regeln brechen, um sie zu lernen; auch Kinder müssen, dass wissen Pädagogen wie Eltern gleichermaßen, Regeln brechen, um sie zu lernen. Die kulturelle Epoche des christlichen Mittelalters stand ganz im Zeichen der Grenzsetzung. Notwendigerweise lassen sich auch die traditionellen Narrative anhand der Grenzsetzung identifizieren. Gott erschuf die Welt in sechs Tagen, am siebten ruhte er; das Narrativ gilt noch heute. Vor allem aber wird die Domäne der Formlosigkeit, manchmal einfach der Himmel oder das Paradies genannt, in eine separate Sphäre geschoben, mit der wir erst einmal nicht zu tun haben, und die wir erst, wenn wir unsere Zeit auf der Erde hinter uns haben, betreten können – eben wenn wir die von Gott gesetzten Regeln befolgt haben.

Die *Grenzverschiebung* indes wurde zum Kennzeichen der Moderne. Das neu auftauchende Individuum[104] ist sorgsam darauf bedacht zu lernen, Grenzen verschieben zu können, neue Territorien einzuverleiben. Dabei wird das Formlose, was noch Teil der vormodernen Weltsicht war, als ‚irrational' ausgegrenzt. Die Erkenntnis lautet: Nur hier im Dasein verschiebt man Grenzen. Mit der Moderne tritt die nationale Politik auf den Plan, in dem Nationen im ewigen Spiel um Grenzen und Territorien streiten. In psychologischer Hinsicht tritt hier das Leistungsindividuum auf, dass seine eigenen Grenzen verschiebt um konkurrenzfähig auf dem politischen, wirtschaftlichen und romantischen Markt zu werden. ‚Erfolg oder Misserfolg' wird zum dualen Mechanismus, um die Narrative der Moderne zu

104. Dass, wie Sloterdijk bemerkte, Realität auf Realität anwendet und dem Narrativ Napoleons folgte: „Ich bin das Schicksal"

strukturieren: *Verschiebe Deine Grenzen. Sei erfolgreich. Übe, übe, übe. Zeit ist Geld.* Das Irrationale, das Chaos oder die Formlosigkeit wird hier schlicht geleugnet. Insofern laufen die Narrative der Moderne auch immer darauf hinaus, das Innere zu verleugnen, um in einer äußeren Welt handlungsfähig zu sein. Nicht zufällig ist das der Moderne zugrunde liegende Weltbild ein Konstrukt äußerer Form ohne Inhalte: Der Kosmos, der sich ‚irgendwie' in einem Urknall manifestierte und dabei zufällig die Eigenschaften und Konstanten erschuf, die nötig waren, das Universum mitsamt seinen Galaxien, Sternen, Planeten, geologischen und biologischen Formen hervorzubringen. Weil das Formlose als irrational ausgegrenzt wurde, kann es auch keine Erklärung geben, wie es überhaupt zu einem Urknall kam, denn das Irrationale kann nicht mechanistisch erklärt werten. *Denn das gesamte Universum ist eine mechanistisch und perfekt ablaufende Maschine und vollkommen berechenbar;* infolgedessen müssen auch unsere unternehmerischen und familiären Unterfangen und unser persönliches Leben perfekt organisiert werden, denn das ist das Wesen der Welt. Das an diese Weltsicht am besten angepasste Individuum ist das, welches dem sozialen Leistungsdruck standhalten kann und immer besser an die Maschine angepasst wird … unabhängig von inneren Befindlichkeiten.

Mit dem Postmodernismus findet das Formlose wieder Eingang in den Diskurs und den Zeitgeist. In diesem Sinne wurde tatsächliche *Grenzüberschreitung*, vor allem ins Unbestimmte, zum Narrativ und zur Injunktion der Postmoderne. Eindeutige Interpretationen und Beobachtungen der Welt sollen vermieden werden, indem mehrere sich widersprechende Formen – sei es in Literatur, Architektur, Musik oder Philosophie – eine klare, bestimmbare Form verhindern. Die Relativität, und sei es in der Physik, wurde zum Kennzeichen, zum Debakel, zur Erkenntnis der Postmoderne. Alle Lebensformen sind nicht nur erlaubt, die Überschreitung des Normalen (was immer das sei) wurde zum Kennzeichen, zur normativen Forderung, die sich nicht nur in der Philosophie, sondern vor allem in ihren Urhebern (als Rollenvorbildern) widerspiegelt. Foucault war bekanntlich nicht nur homosexuell, sondern ein häufiger Swingerklubgast. Max Webers Grenzüberschreitungen sind und waren berüchtigt. Sartre führte nicht nur eine ungewöhnlich offene Beziehung, sondern prägte eines der berühmten postmodernen Narrative: Transzendiere alle Regeln! Seine Partnerin Simone de Beauvoir war eine erste Befürworterin der Polyamorie. Surrealisten wie Henry Miller, Picasso und Dali schockierten durch ihre grenzüberschreitende Kunst,- Liebes- und Lebensart Publikum und Experten gleichermaßen. „Niemand", so Dali in seiner unvergesslichen Art, „versteht Dali, denn noch nicht einmal ich selbst verstehe meine Arbeit. Niemals hat Dali ein Bild von Dali verstanden ... weil Dali nur Enigmen erschafft." Der Transgress ist Abnormale wurde zum Status quo der Postmoderne. Tatsächlich zeichnen sich die postmodernen Narrative nicht selten durch seltsame Schleifen, Brüche oder Widersprüche aus – performative Widersprüche, wie Habermas feststelle. ‚Alles ist relativ', ist so ein postmodernes Narrativ, das nicht wahr sein kann, wenn man es wörtlich nimmt. ‚Alles wird durch den geistigen Beobachter erschaffen', ist ein weiteres Beispiel. Und doch wurde genau hier, in der Postmoderne, das Andere – das Chaos, die Leere, das Nichts, der unmarked space – wieder in den Dialog eingeführt, sei es explizit durch die französischen Existenzialisten Jean Paul Sartre oder Albert Camus, sei es in den spirituellen Praxen, die mit der Postmoderne aus dem Osten importiert wurden und hier als buddhistische und auch hinduistische Äquivalente eingeführt wurden, sei es in der Physik in der Unbestimmtheit der Quantengleichungen, sei es in der Mathematik und Logik, wie wir eingangs betrachtet haben, oder sei es in literarisch-poetischen Formen wie dem Dadaismus, die sich dem Chaos durch das Leugnen aller vorherigen Formen manchmal implizit, manchmal explizit näherten. In der Postmoderne wurde kulturell mit der Formlosigkeit die Form entwertet, die in der Moderne noch so hoch gehalten worden war. Daher: Relativismus. Daher: Transgression ins Unbestimmte. Wir können die Postmoderne, und alle möglichen folgenden Epochen, seien sie subjektiv oder intersubjektiv, nicht ausreichend ohne diesen besonderen Aspekt verstehen: Mit der Postmoderne wurde das Nichts erneut erschlossen.

Und wie sieht es mit der Epoche nach dem Postmodernismus aus? Nutzen wir auch hier die Denkfigur der Grenze, zeigt sich ein ganz einfaches Bild: Die neuerliche und sich selbst bewusste *Grenzbestimmung* aus dem Relativen heraus wird hier zum Kennzeichen der Post-Postmoderne: Etwas zu tun oder an etwas zu glauben, obwohl man weiß, dass es eigentlich willkürlich ist, frei zwischen den Narrativen (etwa der Moderne oder Postmoderne) wählen zu können. Grenzbestimmung heißt demgemäß auch den eigenen Umgang mit der Grenze zwischen Form und Formlosigkeit zu bestimmen. Man mag im Alltag wieder in moderne Bewusstseinsstrukturen eintreten, man mag zuweilen postmoderne Bewusstseinsstrukturen ausbilden, man mag sich für einen integrativen oder ‚ganzheitlich' evolutionären Ansatz entscheiden. In jedem Fall wird diese Entscheidung bewusst gefällt, und kann bewusst zurückgenommen werden. Denn die Formlosigkeit begleitet das Individuum, und ist selbst integriert. Grenzbestimmung heißt: Seinen Umgang mit der Grenze, mit Form und Formlosigkeit stets neu zu bestimmen.

In dieser Hinsicht können wir auch alle Narrative, die uns begegnen dahin gehend untersuchen, ob sie grenzbildend, grenzverschiebend, grenzüberschreitend, oder bewusst grenzbestimmend sind. Narrative fallen notwendigerweise in diese Formen, und jeder Versuch, seine eigenen Narrative zu verändern und die evolutionäre Distanz auszubauen, besteht darin, ein gegebenes Narrativ von einer anderen Perspektive aus zu betrachten, zu verschieben, zu überschreiten und bewusst neu zu setzen.

Erzeuge das Dazwischen

Um nun unser Verhältnis zum Unbestimmten zu vertiefen, wollen wir uns eines Beobachtungsschemas bedienen, das bis auf Platon zurückgeht. Im Symposium führte er den Begriff der *Metaxie* ein, dem ‚Dazwischen'. Folgt man Platon, leben wir Menschen stets zwischen dem Sein und dem Werden, wobei uns der Daimon Eros – selbst ein Wesen zwischen Gott und Mensch – hilft, vom einen zum anderen zu kommen. Wir sind nie ganz das eine oder andere, sondern wandeln immer zwischen den Polen, immer innerhalb eines Spannungsfeldes.

Als Denkfigur können wir solche Metaxien oder Spannungsfelder in vielfacher Weise anwenden. Der Philosoph Eric Voegelin[105] etwa nutzte den Begriff der Metaxie als Möglichkeit, um das Dazwischen des Menschen sowohl zwischen der materiellen Welt und dem Bewusstsein zu bezeichnen, als auch zwischen dem Endlichen und Unendlichen, dem Anfang und dem Ende, aber auch zwischen dem Bewusstsein der klaren Formen und dem ungeordneten, strömenden Fluss der Phänomene. Das heißt, eine Metaxien ist vor allem ein Beobachtungsschema, durch das wir uns selbst beschreiben können … seien es so grundsätzliche Pole wie dem Sein und dem Nichts, Egoismus und Altruismus, Introvertiertheit und Extrovertiertheit, gesund und krank etc. Man befindet sich nie ganz an einem

105.Vgl. Eric Voegelin, *Equivalences of Experience and Symbolization in History* in The Collected Works of Eric Voegelin, vol. 12, 1989

Pol, ist nie ausschließlich egoistisch oder altruistisch, introvertiert oder extrovertiert. Als Denkfiguren und Beobachtungsschema sind Metaxien so attraktiv, weil die Übergänge zwischen den Polen hier viel fließender sind als im reinen dualen und strukturellen Denken; wir bewegen uns stets in einem Spektrum. Ganz allgemein können wir sagen, Leben heißt, mit solchen Spannungsfeldern zu leben, sie zu nutzen, aufzuspannen, mit diesem selbstreferenziell aufgebauten Existenzdruck umgehen zu können und ihn in Handlung zu überführen. [106]

Kehren wir mit diesem Rüstzeug ausgestattet nun zu unserem Überlegungen zur Form und Formlosigkeit des Geistes, zur Überschreitung des Gekannten ins Unbestimmte, mithin den Prozess, sich dem Unbestimmten anzunähern und mit neuen Formen erneut hervorzutreten, zurück. Wie bewegen wir uns stets in der Metaxie und damit zwischen den beiden *Polen der konkreten Weltform und der Unbestimmtheit.* Sie umfasst das Sein wie das Nichts/ Leere, aber als auch Wachbewusstsein und Tiefschlaf, Leben und Tod. Wir sind immer in das Sein geworfene, und versuchen durch unsere individuellen wie kulturelle Weltentwürfe die Dunkelheit des Nichts zurückzudrängen. Wir tun dies als Individuen, aber auch als Kultur.

106. Peter Sloterdijk etwa führte kürzlich den Begriff der ‚Vertikalspannung' ein, um zu kennzeichnen, dass wir als übende Lebewesen die Spannung zum zuweilen Unmöglichen brauchen, um nicht nur einen Zukunftshorizont zu haben, sondern auch eine Veranlassung, über uns selbst in einer bestimmten Weise hinauszuwachsen. So eine Vertikalspannung bedient sich ans ich schon eines evolutionären Narrativs, und wie wir sehen werden ist sie nur ein Anwendungsfall von viel grundsätzlichen Spannungsfeldern, die wir benutzen, um uns im Alltag zu navigieren und zu orientieren.

Wir wissen heute, dass jede Kultur den Zugang des Individuum zu dem Unbestimmten auf die eine oder andere Weise erzählt, regelt, kodiert und vermittelt, und die unterschiedlichen Kulturepochen tun dies mit bestimmten Paradigmen und narrativen Kosmologien. Wir finden es in den religiösen Konzepten wie Brahman oder schlicht ‚Gott', später als physikalisches oder philosophisches Nichts oder eben als phänomenologischer Seinsgrund.[107] Auch hier wird deutlich: Die Wahl unseres Weltbildes, die Wahl unserer Perspektiven und Erfahrungen färbt unseren Zugang zum Unbestimmten.

Diesen Zusammenhang kann man wie folgt engführen: Wir bewegen uns erstens – individuell und kollektiv – kontinuierlich zwischen der Unbestimmtheit und der Weltform; und zweitens kodiert und vermittelt die Kultur sprachlich die Weisen, wie und welchen Zugang wir zu diesen Bereichen der Erfahrung haben. Wenn wir also über unser Verhältnis zum Unbestimmten sprechen, müssen wir in dieser doppelten Metaxie denken, und die beste Weise, über dieses doppelte Spannungsfeld nachzudenken, ist das *Narrativ.* Denn am Narrativ sind beide Metaxien aufgespannt.

Als Form bestimmt das Narrativ zunächst, wie wir aus dem Unbestimmten heraus in die Welt treten und sie gestalten. Da wir die Dualität von Sein und Nichts, von Formlosigkeit und Weltform, oder auch von Existenz und Shunjata integrieren können, verfügen über die Möglichkeit, in jedem Moment aufs neue unsere Weltform erzeugen und aus der Unbestimmtheit und Relativität

107. Vgl. Allan Combs, *Die Psychologie des Bewusstseins,* 2009

herauskreten können. Darüber hinaus besteht das Narrativ stets in dem Spannungsfeld zwischen dem Subjektiven und dem Internsubjektiven, zwischen Individuum und Kultur (damit auch:Sprache), und kann nur so seine Wirkungskraft entfalten. Durch Narrative ermöglichen wir uns, auf eine bestimmte Weise in die Welt zu gehen und Welt zu formen. Wir wollen uns kurz diesen doppelten Spannungsfeld zuwenden, um eine klare Konzeption der Natur des Narrativs zu bekommen.

Als Form zwischen Formlosigkeit und Weltform sagt das Narrativ also erstens etwas über unsere Position in dem Spektrum der Bewusstseinszustände aus. Unser Alltag schwankt stets zwischen dem konkret-operationalen Bewusstseinszustand, durch den wir die alltäglichen Weltprobleme lösen, hin zu den athletischen, amourösen, transpersonalen oder lebensweltlichen (Gipfel-)Erfahrungen, zu den subtilen Traumzuständen bis zu den tiefen formlosen Schlafzuständen, deren Natur mehrfach mit dem Nichts oder Absoluten in Übereinstimmung gebracht wurde. Aus den buddhistischen Traditionen und der Transpersonalen Psychologie wissen wir etwa, dass *Shunjata* immer mit dem Auftauchen des bezeugenden Bewusstseins in den tiefen, traumlosen Schlafphasen einhergeht. Wir bewegen uns also im Verlaufe unsere Tages stets in einem Spektrum der Bewusstseins, mithin zwischen Form und Formlosigkeit.

Nun kennzeichnen sich alle Bewusstseinsseinszustände jenseits des Formlosen eben dadurch, dass ihnen durch Narrative bedingte Formen zueigen sind. Narrative sind die grundlegenden Muster unserer Träume, unser

Gipfelerfahrungen, unserer konkret-operationalen Problemlösungen. Sie sind die Muster unserer Alltagserfahrungen. Der einzige Bereich, den wir in unserem Seins beobachten können, der frei von (sprachlichen) Formen ist, ist das Andere, das Unbestimmte. *Narrative liegen hier am Rand des Chaos,* sind Formen, die die weiteren Formen unserer Träume und unseres Alltagsbewusstseins erzeugen. Das heißt: Ändern wir die Narrative, ändern wir den Gehalt unseres Bewusstseins zu jedem möglichen Zeitpunkt.

Genauer: Das Narrativ erscheint hier – und zwar dem Beobachten dritten Grades – als *die erste Form.* Als Form der Formen, durch die wir unsere subjektive – ergo auch intersubjektive) Wirklichkeit gestalten. Wir können dabei nicht in Formen denken – erscheinen diese Formen als konkrete Gedanken oder Vorstellungen – ohne nicht gleichzeitig annehmen zu können, dass diese Formen einen Ursprung haben, d. h. nicht nur formal, sondern auch inhaltlich. Offenbar – so zeigt uns die einfache Reflexion, folgt einem Gedanke der Nächste, einer Vorstellung die Nächste, einer Sensation oder Phänomen die Nächsten. Dies ist das einander Nachfolgen *der Strukturen.*

Doch der konkrete Gedanke oder die konkrete Vorstellung – die konkrete autopoietische Verfahrensweise des Geistes – folgt einer im Alltag größenteils verborgenen – mithin verborgenen – Logik, deren Inhalte eben von einem zum anderen Moment sich wandeln können. Ihr Ursprung und die Ursache des Inhaltes ist nur im Verborgenen des Geistes zu entschlüsseln. Das Narrativ entscheidet hier über die inhaltliche Natur dessen, was wir denken, fühlen, uns vorstellen, und welche Phänomene unserer Wirklichkeit wir wie genau einbinden. Narrative gelten für gewöhnlich daher als Wurzel der Kognition

Im Rahmen der zweiten Metaxie bestimmt das Narrativ unseren sprachlichen und damit inhaltlichen Zugang zur Welt. Wie wir aus der narrativen Psychologie und der Soziologie wissen, erzeugen wir durch unsere Mythen, Geschichten, Märchen nicht nur unser Selbst- und Weltverständnis, sondern erzeugen damit auch unseren Lebenssinn. Als wen wir uns selbst erzählen, wie wir uns andere erzählen, welchen Lebenssinn wir wählen, welche Ereignisse und Phänomene wir auf welche Weise sinnhaft einbinden, ja selbst, welche wissenschaftlichen Forschungsprojekte wir wählen und welche Ergebnisse wir erwarten, hängt von den Narrativen ab, die wir wählen, und durch die wir zu bestimmten Weltentwürfen kommen.

Und doch ist diese Wurzel der Kognition immer auch Teil des intersubjektiv-kulturellen Miteinanders. Wenn das Narrativ Teil des Subjektiven ist, ist es gleichzeitig auch immer Teil des Intersubjektiven. Das eine kann hier nicht ohne das andere gedacht werden. Nur durch Kultur kommen wir zu bestimmen Sprachformen und jenen kulturellen Grundeinheiten. Nur durch Sprache und Kultur werden die Inhalten tradiert, die Teil unseres Bewusstseins sind. Narrative bestehen in dieser Hinsicht immer zwischen dem Individuum und der Kultur. Das Individuum verwaltet sie. Doch nur kulturell können sie geformt werden

In dieser Hinsicht besteht das Narrativ in dem doppelten Spannungsfeld zwischen Form und Formlosigkeit, sowie zwischen Subjekt und Intersubjektivität. Ein narratives

Bewusstein, dass diese Metaxien integrieren kann, muss in jedem Moment aufs Neue die Möglichkeiten finden, diese Spannung aufzulösen. Seine individuelle Weise ist damit immer eine Weltkonstruktion, die auf einer *téchne* basiert, was sowohl Technik als auch Lebenskunst signalisiert.

So verstanden, wird *téchne* zu einer Kunst, in die Tiefe des Unbestimmten eintauchen zu können, und mit bestimmten Narrativen, aber auch mit bestimmten Weltentwürfen aus ihr hervortreten zu können. Dies Unterfangen birgt letztlich immer ein Form von Selbst-Ironie, weil es sich bei diesem Akt um ein willkürliches Unterfangen handelt. Wir wählen unsere Narrative, wir wählen unsere Kosmologie, unsere Wahrheiten. Wir wählen unsere Perspektiven, unsere Weltentwürfe und Lebenspraxen. Wir kodieren unser Verständnis des Seins und unser Verhältnis zum Unbestimmten, zum Nicht. Und wir hätte all dies auch anders tun können. Das heißt, ein Ansatz, der über die Postmoderne hinausgeht und den Transgress ins Unbestimmte verarbeiten kann, muss in diesem Sinne immer eine Ironie sich selbst gegenüber mitliefern, denn sie selbst ist ein Konstrukt aus der Leere, die nur durch eine operationale ‚als-ob'-Haltung zustande kommen kann. Sie muss sich ihrer eigenen Kontingenz bewusst sein und diese Kontingenz stets einbetten und mitliefern. Obwohl sie wahr ist, so das Credo, kann sie nicht wahr sein (und ist paradoxerweise deshalb wahr). *Eine post-postmoderne téchne* ist also sowohl Technik, was bedeutet, stets innerhalb des Spannungsfeldes die eigenen Narrative wählen zu können. *Téchne* ist aber auch Lebenskunst, das unbestimme Andere in den Alltag immer wieder integrieren zu können.

FORME DAS NARRATIV DES NARRATIVS

Wir wollen dieser Denkfigur der Grenze ein wenig weiter folgen, und zwar im Kontext seiner Funktion der Immunisierung. Da wir nicht nicht beobachten können, geschieht es nur in den seltensten Fällen – seien es amouröse Ekstasen, seien es bestimmte spirituelle Praktiken, bestimmte pathologische Ausnahmezustände oder athletische (oder allgemein *Flow*-artige)[108] Gipfelerfahrungen – dass wir die Distanz zu der Welt der Form überwinden und eins werden, verschmelzen mit dem Anderen, der Form oder dem Phänomen. Dies kann geschehen, wie wir sehen werden, wenn das narrative Denken und Handeln endet. Nur in den seltensten Fällen erfahren wir uns selbst als Baum, als Rose ... als Du ... obwohl vom phänomenologischen Standpunkt eigentlich recht wenig dagegen spricht. Über Narrative halten wir die Distanz zur Welt aufrecht und differenzieren zwischen ‚Ich' und ‚Welt/Anderes'. Wir wissen, dass wir uns in unserem Innenraum, den wir selbst gestalten und formen, durch Immunstrategien von dem ungeheuren Außen abgrenzen und uns vor ihm schützen. Nicht nur der Philosoph ist der Arzt der Kultur. Jeder von uns verwirklicht sich durch seine eigenen narrativen Strategien als hauseigener Immunologe, durch den wir uns gegen das immanente Nichts, das energetische Chaos, das ungeheure Andere abschirmen.

108. Vgl. Mihály Csíkszentmihályi, *Flow*, 2010

Mit anderen Worten: Ein Narrativ gewinnt seine Bedeutung durch seine *Funktion* der Immunisierung, durch welche die Distanz zur Welt und zu dem transzendenten Anderen aufgebaut werden kann. Sich ungeübt dem Fluss der Erfahrung auszusetzen ist gefährlich; das war immer schon die Warnung der Heiligen und der Schamanen. Narrative immunisieren uns insofern vor dem ungefilterten phänomenologischen Chaos der Welt, gegenüber dem Nichts, der Leere, in der alle Formen undifferenziert und ohne Ordnung nebeneinander bestehen, ohne dem Individuum eine Raummarkierung für sein Denken, Fühlen und Handeln zu geben. Hier sind wir ohne kognitive Filter der unbändigen Komplexität der Welt ausgesetzt, und der Vielheit möglicher Interpretationen über Vergangenheit, Gegenwart und Zukunft. Als Wesen, die dem Zwang der Zeit, der Handlung und dem Beobachten existenziell verpflichtet sind, erscheint die Konfrontation mit dem Nichts nicht nur als Herausforderung, sondern zuweilen als eine unlösbare Aufgabe.

Das heißt, das Narrativ schützt uns davor, uns dem phänomenologischen Chaos auszusetzen, dem wir ins Angesicht schauen müssten, würden wir alle tradierten und konditionierten Filter fortwischen. Die Formen unserer Erlebniswelt würden als das erscheinen, als was sie unser Auge und Nervensystem erkennen: Nämlich Formen ohne Bedeutung, Kontext, Hintergrund und Grenze zu anderen Formen. Vor allem die spätromantische Literatur des ausgehenden 19. Jahrhunderts ist voll von Geschichten, in denen sich die Protagonisten dem ungefilterten Wahnsinn der Welt ausgesetzt sehen und in Hysterie und Wahnsinn dem Flötenspiel Pans lauschen müssen, der ihnen seine Fratze, aus den Arkadien aufsteigend, zeigt. Heute kennen wir Experimente und Berichte von psychedelischen Substanzen, die diesen Effekt auch herstellen können und die die Pforten der Wahrnehmung – es müsste wohl korrekter gesagt werden: die sozial tradierten Formen des Beobachtens – öffnen. Weltliche Gegenstände erscheinen dann als das, was sie dem Bewusstseins jenseits aller Interpretation sind: Farben und Formen, die keine erkennbaren Grenzen haben. Unser Gesichtsfeld verliert den Charakter von voneinander distinkten und funktionalen Formen – und sei es ein Stuhl, auf dem man sitzen kann – zu einer Form ohne Grenzen, die mit anderen Formen farblich verschwimmt und keine erkennbare Eigenschaft oder Funktion hat.

Wir sehen, dass wir durch unsere Weisen des Beobachtens und der Perspektiven, die wir einnehmen, dieses Nichts oder Chaos oder die Leere urbar machen. Einerseits. Wir immunisieren uns dagegen, bleiben psychisch überlebensfähig. Psychischer Tod tritt ein, wenn wir das Nichts nicht mehr zurückhalten können. Die Immunfunktion bezieht sich auch auf das schlicht Kontingente, die Unbestimmtheit unserer eigenen Ganzwelterfahrung und unserer Entscheidungen. Alles ist stets auch anders möglich, wir können durch andere Perspektiven anders beobachten, anderen Narrativen folgen, anders handeln. Die Frage, welchen Handlungsweg wir ob dieses Narrativrelativismus einnehmen sollen, können oder wollen, verschwimmt umso mehr, je genauer wir uns mit unseren eigenen Konstruktionsprozessen auseinandersetzen. Wir bilden stets kognitive Inseln im Chaos, doch ob diese

Inseln stabil sind oder im Ozean des Vergessens abtauchen, hängt teilweise auch einfach von der Weigerung ab, die tiefe Kontingenz in voller Kraft ins Bewusstsein treten zu lassen. An sich ist die phänomenologische Ganzwelterfahrung unbestimmt, ungeformt und Psyche die Menge aller zunächst unbestimmten Elemente. Wir wenden dann die Operatoren des Bewusstseins an, um handlungsfähig zu werden, und bilden so ein Spannungsfeld zwischen Form und Formlosigkeit, dass uns nicht verlassen wird, solange wir leben.

Auf der anderen Seite immunisiert ein Narrativ auch immer vor anderen Narrativen und damit Gedankengängen, Kommunikationen und Weltentwürfen. Das heißt auch: Alternative Lebenserfahrungen, Perspektiven und Narrative, die nicht zu den dominanten Narrativen des Individuums ‚passen', können ausgrenzt und unmöglich gemacht werden. Vor allem aber haben Narrative die Funktion, das Individuum/die (Sub-)Kultur vor jenen Narrativen zu schützen, die den Narrativen des Individuums oder der Kultur zuwiderlaufen. Jedes Narrativ bietet insofern die Methoden, um sich erfolgreich gegen andere Narrative abzugrenzen.

In einem Sinne etwa bietet das rationalistische Weltbild der Moderne genau die Verfahren – nämlich die der Wissenschaft – um das Narrativ der Moderne aufrechtzuerhalten und sich sowohl gegen vormoderne wie postmoderne Weltbilder abzugrenzen. Die Moderne erzeugt genau die Methoden und Erkenntnisse, die die vorherrschenden modernen Narrative bestärken. Auf dieselbe Weise immunisiert sich das Weltbild der christlichen Vormoderne, in welchem Gott die Erde als den Mittelpunkt der Welt angesiedelt hat, durch spezifische Glaubens- und Erfahrungsmethoden, die sich – auch argumentativ – erfolgreich gegen andere Narrative abgrenzen können. Die derzeitige Unmöglichkeit der Wissenschaft, heute zu zeigen, was ‚vor' dem Urknall war oder was die Ursachen desselben waren, kann so als Gottesbeweis gesehen werden. Im selben Sinne hat die Postmoderne ihr eigenes Weltbild und ihre narrativen Immunitätsverfahren, was sie erfolgreich gegen das mechanistische Weltbild der Moderne abgrenzt (indem nun das Individuum nicht mehr nur als ein unbedeutend kleiner Teil des Weltgetriebes betrachtet wurde, sondern als essenzieller Teil, ohne dessen Weise der Beobachtung an sich gar nichts über den Kosmos ausgesagt werden kann. Dieses subjektivistisch geprägte Narrativ immunisiert sich folgerichtig auch über die postmoderne Erkenntnis, dass alle großen Erzählungen – Narrative – mit der Postmoderne geendet sind und wir in einem sozialen Nexus leben, in dem jeder seine eigenen Narrative und Lebensentwürfe mehr oder weniger bewusst selber leben kann. In diesem Sinne beinhaltet *Kultur* auch immer die Menge an Immunitätsverfahren, indem sie die Perspektiven und Narrative tradiert. Narrative sichern in diesem Kontext das ‚psychische Überleben' des Menschen: Sie führen einerseits zur Komplexitätsreduktion und andererseits zur Sinnstiftung. Das heißt, Narrative reduzieren den unbändigen Strom ungefilterter Phänomene und *Qualia*, stellen aber gleichzeitig einen psychologischen und sozialen Sinnzusammenhang und eine Kohärenz her, was die Welt erfahrbar und macht.

Von besonderer Bedeutung im Kontext der Selbstimmunisierung ist hier der damit einhergehende Prozess, den ich *evolutionäre Distanzierung* nenne. Evolutionäre Distanzierung wird hier als ein psychologischer Prozess verstanden, in dem wir eine internale Distanz nicht nur zu unseren eigenen Repräsentation der Wirklichkeit und uns selbst aufbauen, sondern auch eine schützende Immunfunktion gegen das *ungeheure Andere* aufbauen. In dieser Doppelfunktion halten wir unsere innere autopoietische Homöostase, unser Gleichgewicht aufrecht. Als Begriff zeigt *evolutionäre Distanz* nicht nur in Richtung einer Indifferenz zu bestimmten beobachtbaren Phänomenen und Ereignissen, sondern auch auf die Wegstrecke, die ein Individuum im Laufe seiner Reifung zurückgelegt hat. Unterscheidet sich etwa das junge Kind erstmals von seiner impliziten (vorgestellten) Einheit zu seiner Mutter, erfährt es sich das erste Mal als ein quasi-eigenständiges Individuum, das der Mutter gegenübersteht, dann eröffnet es einen ganz neuen Handlungsspielraum der Welt und Anderen gegenüber. Durch diesen Akt der Unterscheidung, der die Bindung und Einheit auflöst, wird eine evolutionäre Distanz aufgebaut – die erste womöglich – die sich durch kulturelle und psycho-spirituelle Praktiken weiter entfalten kann. Reifen und Wachsen heißt in dem Sinne: Selbst-Differenzierung. Lernen wir etwa, Narrative zu unterscheiden, ermöglichen wir uns, eine evolutionäre Distanz zu diesem Phänomenbereich unseres Seins aufzubauen, der uns womöglich vorher ‚unbewusst' beherrschte, um nun bewusst damit umzugehen und die Narrative unseres Handelns gar selbst wählen zu können.

Wenden wir uns kurz religiös-spirituellen Erfahrungsbereichen zu, können wir sehen, dass das ‚Zeugenbewusstsein', also die Fähigkeit, alle Formen und psychologischen Ereignissen (und sei es, wie erwähnt, der Tiefschlaf) vor dem inneren Auge bewusst passieren lassen zu können, ohne sich wie auch immer emotional, gefühlt, stimmungsmäßig oder gedanklich daran zu binden, nicht nur eines der großen Ziele der Traditionen ist, sondern an sich im Ausbau der evolutionären Distanz besteht, mit der auch eine stark ausgeprägte Indifferenz seinen eigenen Konstruktionen gegenüber einhergeht.[109] Evolutionäre Distanz hat dabei nichts mit dem Verlust von *Nähe* zu tun. Es ist ganz im Gegenteil vielmehr die Fähigkeit, psychologische Dispositionen zu überwinden und unmittelbar Nähe aufzubauen, während das Handeln und Eingreifen in den Strom des Lebens von einer höheren Warte aus bezeugt werden kann. Sobald die evolutionäre Distanz zu einem Phänomenbereich aufgebaut worden ist, kann dieser Bereich

109. Wir haben bis zu diesem Zeitpunkt ‚Zeugenbewusstsein', wie es von den spirituell-religiösen Traditionen verstanden wird, psychologisch noch nicht hinreichend definiert, so dies überhaupt möglich ist. In vielerlei, wenn nicht aller Hinsicht erschließen sich die Eigenschaften dieses Bewusstseins nur durch direkte Erfahrung, also besonders in der Meditation. Hier kann dieser ‚Zeuge' nicht nur als jene Instanz erscheinen, die alle geistig auftretenden Formen unterschiedslos bezeugen kann, ohne sich daran zu binden, sondern auch als der, der dem formlosen Sein, der Leere verweilend gegenübersteht. Tatsächlich geht jedoch mit fortschreitendem Bezeugen der Leere häufig die Erfahrung einher, dass dieser Zeuge an sich gar nicht substanziell ist; er scheint der Leere selbst zu entspringen und innezuwohnen, bzw. das bestimmende Element der Leere selbst zu sein. Mit dieser Erkenntnis wird die Dualität von Zeuge und Leere aufgehoben. Es ist naturgemäß fast unmöglich, diesen Erfahrungsbereich vermittels Sprache adäquat wiederzugeben.

gleichzeitig Teil der Beobachtung und Teil der Handlung sein, was an sich einen klaren evolutiven Vorteil mit sich bringt, denn wir werden fähig, unsere Beobachtungen und Verhaltensweisen den situativen Gegebenheiten und Anforderungen besser anzupassen. Mehr noch, wir werden frei, unsere Verhaltensautomatismen zu lockern und von quasi dramatischen Interpretationen der Welt zu anderen, möglicherweisen positiven, überzugehen. An einem mal wilderen, mal ruhigeren Strom (des Lebens) zu sitzen, seine Strudel und seinen Wasserfluss zu beobachten, ja bewusst zu bezeugen, während man gleichzeitig dieser Fluss ist, ja in ihm eintaucht und mit ihm verschmilzt, ist die perfekte spirituelle Metapher oder Urszene für evolutionäre Distanz. Dass ein narratives Bewusstsein auch impliziert, diesen Strom nicht nur in seiner Gänze zu bezeugen, sondern auch lenken zu können, ist eine offene Implikation, die die Traditionen z. B. als *Ananda* codiert haben, als Glückseligkeit. Mittlerweile ist es nicht mehr seltsam, über die Konvergenz von spirituellen und psychologischen Erfahrungsbereichen zu sprechen. Evolutionäre Distanz ist damit ein Begriff, der seine Bedeutung immer durch ein Spannungsfeld und die Distanz zwischen zwei Polen beschreibt, nämlich immer der Beobachtung (und damit Hervorhebung) dessen, was innerlich erzeugt wird. Wollen wir etwas über das narrative Denken und Verhalten lernen, müssen wir dieses Spannungsfeld genauer untersuchen, denn wie sich zeigen wird, können wir bestimmte Narrative nur an diesen Polen aufspannen.

Im Allgemeinen jedoch gilt: Je größer die evolutionäre Distanz, die man zu seinen eigenen Operationen und Konstruktionen aufgebaut hat, umso größer die Immunleistung der Psyche. Man könnte insofern auch in Form eines Narrativs sagen: Buddha war als Chefmediziner maximal immunisiert. Alle Ereignisse liefen vor seinem inneren Auge vorbei wie Wolken vor der Sonne, ohne dass sie das Licht beinträchtigen konnten, denn es gab niemanden, der beeinträchtigt werden konnte. Die Person des Prinzen Siddhartha war dem Prozess der evolutionären Distanzierung zum Opfer gefallen, infolgedessen konnte auch nichts dem Prinzen etwas anhaben.

Immunisierung heißt in dieser Hinsicht immer, Bewusstheit über bestimmte Formate und innere Operationen zu haben, heißt also immer, eben diese Formate und Operationen *ad hoc* ändern zu können, wenn es die Anpassung an die Weltnische erfordert. Der Sinn von solchen Immunstrategien liegt dabei darin, das innere Gleichgewicht und die Sinnsetzung aufrechterhalten zu können in Anbetracht von Phänomenen, die den eigenen Narrativen eigentlich zuwiderlaufen. Noch genauer gesagt: Konzeptionen wie ‚Ich' oder ‚Du' gehören dem phänomenalen Strom der Wirklichkeit genauso an wie auch alle anderen erfahrbaren Ereignisse und können eigentlich nicht getrennt voneinander betrachtet werden. Evolutionäre Distanzierung heißt immer, in die Richtung zu konvergieren, die die Gesamtheit und Zusammengehörigkeit aller Phänomene bezeugen kann, während Immunisierung der damit einhergehende Prozess ist, dem Strom der Phänomene gegenüber indifferent zu sein. Man könnte auch sagen: Je tiefer unsere Bewusstheit in den ‚Maschinenraum' der Psyche eingedrungen ist, umso weniger anfällig ist sie für

Störungen, die ihre Autonomie bedrohen, während sie sich gleichzeitig lösen kann von ihren eigenen Automatismen.

Nutzen wir die Perspektive der evolutionären Distanzierung, können wir nun das Narrativ des Narrativs formen: Wir formen unsere Welt durch Narrative, durch bestimmte Strukturen, die nicht nur deskriptiv Wirklichkeiten beschreiben, sondern uns injunktiv anweisen, in diesen Lebenswirklichkeiten auf eine bestimmte Weise zu handeln. Außerhalb des narrativen Radius, der unsere Beobachtungen und Perspektiven, unsere Erfahrungen und Gefühle organisiert, existiert nur das sprichwörtliche Nichts, das energetische Chaos, erscheint die Welt unmittelbar als Menge der Formen. Doch diese Formen existieren nur in ihrer Bestimmtheit deshalb, weil wir sie als ‚Perzeptionen' durch narrative Strukturen aus dem energetischen Fluss der Erfahrung herausheben und ‚ausschneiden'.[110] Befreien wir uns von narrativen Strukturen, treten diese Perzepte automatisch in den Hintergrund zurück und egalisieren sich gegenseitig; aus der Dualität und Differenziertheit der Formen treten wir automatisch zurück in die Nondualität indifferenter Formen.

Diese Erkenntnis gleicht in vielerlei Hinsicht der psychologischen Konzeption der Schemas oder Schemata, durch die wir Beobachtungen und Wahrnehmungen strukturieren. Und in der Tat sind Schemata an Narrative gekoppelt, sobald man sie in den intersubjektiven Raum überführt. Wir können nicht über Schemata sprechen, ohne über sie und ihre Form zu sprechen. Sobald wir dies aber tun, nut-

110. Vgl. Ernst v. Glasersfeld, *Wissen, Erkennen, Wirklichkeit*, 1984.

zen wir Narrative, und sei es eines wie: Es gibt Schemas, die unsere Repräsentation der Wirklichkeit gestalten.

Indem wir das Narrativ des Narrativs formen, erzeugen wir sowohl eine evolutionäre Distanz unseren eigenen Konstruktionen gegenüber und immunisieren uns *en passant* gegenüber dem phänomenologischen Chaos, dem ungeheuren Anderen. Als narrative Konstrukteure erfahren wir dann das ungeformte Andere – und sei es der Tod – nicht nur als notwendig, sondern als Bedingung der Möglichkeit narrativen Konstruierens. Wir brauchen das Spannungsfeld zum Unbekannten, um das Bekannte zu formen. Unsterblichkeit kann und muss in dieser Hinsicht nicht nur unmöglich, sondern unerwünscht sein, denn sie entwertet das Leben und die Form, nicht nur in ethischer Hinsicht, sondern in formaler Hinsicht. Bricht die Spannung zum ungeformten Anderen zusammen, kann die Welt der Form nicht mehr bestehen.

Es gibt Narrative, weil wir sie erzeugen, und durch Narrative strukturieren wir unseren Alltag, unsere Bekanntschaften, unsere Weisen der Kommunikation, unsere Themen, und unsere Hoffnungen. Aus dieser Perspektive kann es dann nicht mehr die Frage sein, welche Narrative und Weltbilder an und für sich besser sind als andere, auch wenn das Weltgeschehen sich bislang hauptsächlich mit dieser Frage beschäftigte. Hier muss vielmehr die Erkenntnis Fuß fassen, dass wir uns fragen können (und letztlich auch müssen), welche Narrative wir zukünftig einsetzen und welchen wir folgen wollen. Vor diesem Hintergrund tritt damit auch die Frage in den Vordergrund, welche Narrative *moralisch* und *ethisch* empfehlenswert und zukunftsträchtig sind, und das heißt auch, wie wir leben wollen und wer wir - als Einzelne oder als Kultur – sein wollen. Wir können uns dabei, verdichten wir diesen Gedanken, traditionellerweise zwischen *deontologischen* oder *teleologischen* Ansätzen entscheiden, also der deontologischen Frage, welche Narrative wir wählen unabhängig von ihren Konsequenzen, nämlich einfach deshalb, weil bestimmte Narrative an sich gut oder eben schlecht sind, oder eben dem teleologischen Ansatz, dass wir bestimmte Narrative eines bestimmten Ziels oder Zwecks wegen wählen sollten. Welchen Ansatz wir wählen, hängt – natürlich! – von dem Hintergrund an Narrativen ab, die wir für uns schon als gültig betrachtet haben. Philosophie war auch stets immer die Explikation von bestimmten Narrativen, die entweder deontologisch oder teleologisch ausgerichtet waren.[111] Es ist klar, dass sowohl der deontologische als auch der teleologische Ansatz über seine Vorzüge verfügt.

111. Vgl. z. B. William Frankena, *Analytische Ethik*, 1990

ERZEUGE DIE REPRÄSENTATION DER WIRKLICHKEIT

Wir wissen heute, dass Kleinkinder bis zu einem Alter von etwa 2-3 Jahren hauptsächlich in einem Theta-Wellen-Zustand des Gehirns verweilen, der bei Erwachsenen gewöhnlich noch in Tiefschlafphasen auftaucht, und sie erst nach und nach andere Zustände einzunehmen lernen, die es ihnen ermöglichen, ‚Perzepte' (Wahrnehmungseinheiten oder -konzeptionen) wie etwa die einer ‚externen Wirklichkeit' oder den Gegenständen der externen Wirklichkeit zu akquirieren, so als wäre(n) sie wirklich. In dieser Zeit lernt das Gehirn, die alltägliche Welt des Wachbewusstseins als etwas Festes, Gegenständliches zu betrachten. Hier in dieser frühkindlichen Zeit findet auch die grundlegende Programmierung auf Verhaltensweisen und Weltsichten statt, wie eben etwa die Unterscheidung von ‚Innen'- und ‚Außenwelt'. Das Interessante daran ist freilich, dass wir später in vielen – wenn nicht den meisten – Lebenssituationen als vollkommen naive Realisten davon ausgehen, dass wir uns in einer objektiven Wirklichkeit bewegen, während wir doch schon seit vielen Jahrzehnten aus der neurologischen und psychologischen Forschung wissen, dass wir uns – unabhängig von einer objektiv-materiellen Umwelt – tatsächlich nur innerhalb unserer eigenen Konstruktionen und Repräsentationen bewegen, die sich – ‚irgendwie' im Verlaufe der Co-Evolution – mit der externen Wirklichkeit entfaltet hat; dass, mit anderen

Worten, eine ‚objektiv-materielle Umwelt' für und durch die Psyche eine Konzeption ist ganz unabhängig davon, was Materie jenseits des Bewusstseins sein mag.[112] Es gehört zu den kurioseren Aspekten unseres Seins, dass je mehr wir über die objektive Wirklichkeit nachdenken, umso flüchtiger und irrealer sie erscheint.

Tatsächlich, und es ist in diesem Zusammenhang recht interessant, bestehen bestimmte psycho-spirituelle Techniken wie etwa Meditation darin, langsam zu lernen, die Frequenz der Gehirnwellen zielstrebig und für die Dauer der Meditation von Alphawellen hin zu Theta- und Deltawellen hin zu verschieben (mit gravierenden Konsequenzen für unsere Wahrnehmungen). Thetawellen treten für gewöhnlich in Traumphasen, Zuständen konzentrierter Kreativität oder spirituellen Gipfelzuständen auf; Deltawellen hingegen bei Erwachsenen nur noch im Tiefschlaf. Damit verändert sich das Verständnis der ‚Realität' grundlegend. Beta-Wellen-Zustände des Gehirns werden nämlich mit dem ‚naiven' Realismus und der Wahrnehmung einer festen, externen Umwelt in Verbindung gebracht, also der Vorstellung, die Realität sei so, wie sie sich unseren Sinnen darstellt. Niemand, der etwa mit dem ‚luziden' Wachträumen und mit Theta-Wellen-Zuständen des Gehirns vertraut und trainiert ist, kann glauben, dass es nur eine wirkliche Realität oder Wirklichkeit ist, an der wir alle

112. Der französische Philosoph Quentin Meillassoux etwa versucht das Paradigma der Philosophie nach Kant aufzubrechen, dass zwischen dem beobachtenden Subjekt und dem beobachteten Objekt immer eine Beziehung bestehen muss und fragt nach der Natur der Welt, bevor oder unabhängig von menschlicher Betrachtung.

teilnehmen. Unser Gehirn – oder aus einer anderen Perspektive: unser Bewusstsein – erzeugt seine eigenen Wirklichkeiten, und es besteht hier nicht nur ein Unterschied in der Art der Wirklichkeit (in Abhängigkeit zu Gehirnwellen/Bewusstseinszuständen), sondern auch in der Art und Weise, in der sich ein Individuum selbst befähigt, mit diesen selbsterzeugten Wirklichkeiten umzugehen. Nun wurden diese unterschiedlichen neurologischen Zustände des Gehirns, die wir u. a. als Wach-, Traum- oder Tiefschlafbewusstsein kennen, schon häufiger mit explizit psychologischen Zuständen in Verbindung gebracht.[113] Kurz: Deltawellen korrespondieren mit Tiefschlafphasen, Thetawellen mit Traumphasen, Betawellen mit dem alltäglichen Wachbewusstsein und Alphawellen mit meditativen oder sehr entspannten Zuständen.

Wir kennen nun diese psychologischen Zustände aus den spirituellen Traditionen als die vier Kategorien, Welten oder Zustände *materiell*, *subtil*, *kausal* und *non-dual* oder auch *Atziluth, Beri'ah, Yetzirah, Asiyah* in der jüdisch-kabbalistischen Tradition. Kurz gesagt: In jedem Zustand und mit jedem neurologischen Wellenzustand verstehen wir Realität oder Wirklichkeit als etwas fundamental anderes. Die Wirklichkeit erscheint im Betazustand als eine manifeste, extern von uns bestehende Wirklichkeit; im Thetazustand erscheint sie uns als eine im minderen oder größeren Umfange von unseren inneren Regungen abhängige Wirklichkeit, *die uns, während wir uns in diesem Zustand befinden, als ebenso real erscheint wie die externe Wirklichkeit im Betazustand.* Dementsprechend scheint die Wirklichkeit im Deltazu-

113. Vgl. Ken Wilber, *Integrale Psychologie*, 2004

stand als eine essenzielle Leere oder Formlosigkeit, die allen Erscheinungen zugrunde liegt. Enggeführt könnte man sagen, es gibt nicht ‚die' Wirklichkeit oder die eine Realität, sondern nur ein Spektrum von Wirklichkeiten, die wir jeweils ganz unterschiedlich interpretieren, auch davon abhängig, wo wir uns in unserer eigenen Entwicklung befinden.[114] Dieses Spektrum von psychischen Wirklichkeiten existiert zwischen Form und Formlosigkeit, dem Nichts oder unmarked space, der uns weiter vorne begegnete. Wie wir ebenfalls weiter vorne bemerkten, verstehen wir Narrative hier als Tiefenstrukturen, Szenen oder Urbilder des menschlichen Geistes am Rande der Formlosigkeit, durch die wir bestimmte formbezogene Wirklichkeiten erzeugen. Narrative erscheinen, wenn wir sie aus dem Verborgenen emporheben, als erste Form, die unseren konkreten Weltbildern und Lebensentwürfen zugrunde liegen. Doch mehr als das können wir dann Narrative als verborgene Formen denken, die je nach Entwicklungs- oder Reifestufe des Geistes als Urszenen, Mythen und Märchen, also Motive oder Skripts, als Leitbilder und Schemas, oder gar als Paradigmen und ganze Kosmologien erscheinen und sich intersubjektiv ausdrücken. Dies wird empirisch freilich schwer zu beweisen sein; das müssen wir aber auch nicht, denn wir nutzen ja das ‚Narrativ' ganz bewusst als eine Denkfigur, welche wir in selbstreferenzieller Weise in

114. Der Professor Allan Combs hat gemeinsam mit dem amerikanischen Philosophen Ken Wilber das jüdisch-kabbalistische Narrativ des Lebensbaumens, bestehend aus 10 Stufen oder Entwicklungsebenen und vier Welten auf aktuellere psychologische Begriffe überführt, die sogenannte ‚Wilber-Combs-Matrix'; siehe Combs, *Die Psychologie des menschlichen Bewusstseins*, 2011.

das Denken einführen, um das Denken und Handeln, aber auch das Beobachten und die subjektive Erfahrung zur verändern. Was wir zudem wissen ist, dass Entwicklungspsychologen konsequent und übereinstimmend hervorgehoben haben, dass wir auf jeder Entwicklungsstufe der Psyche über einen anderen Zugang zur Welt verfügen, oder genauer gesagt: zu dem Spektrum der psychischen Wirklichkeiten. Ein Kind weist den traumähnlichen und mythischen Wirklichkeiten mehr Bedeutung zu als ein materialistisch gesinnter Akademiker, dessen Verhalten und Forschungsfeld von soziokulturellen Paradigmen bestimmt wird. Auch ist mittlerweile deutlich, dass ein traditioneller oder fundamentalistischer Christ den Delta-Wellen Zustand und damit die Wirklichkeit der Formlosigkeit anders interpretiert als ein postmoderner Pluralist, der den gemeinsamen Kern aller Weltreligionen anerkennen und nachvollziehen kann. Doch in jedem dieser Fälle wirken die den Märchen oder Paradigmen – man denke auch an die evolutionäre Kosmologie, die wir im vorhergehenden Kapitel besprachen und welches Eingang in die alltägliche Lebenswelt des postmodernen Menschen findet – zugrunde liegenden Strukturen als Ausgangspunkt weiterer Erfahrungen, weiteren Denkens, Handelns und Fühlens.

Doch verbleiben wir einen weiteren Moment bei dem Narrativ als Denkfigur zwischen Formlosigkeit und Form, als verborgenes Urbild am Rand des Nichts. Wir sind uns ja alle – selbst wenn wir keine spirituell-meditative Praxis verfolgen, die uns einen bewussteren Zugang zu dem Spektrum der Wirklichkeiten ermöglicht – bis zu einem gewissen Grad darüber bewusst, dass sich die Gesetzmäßigkeiten der unterschiedlichen Wirklichkeiten und Gehirnwellen untereinander vollkommen unterscheiden. Wir wachen, wir tagträumen, haben zuweilen *Flow*-artige Gipfelerfahrungen, wir träumen und wir befinden uns in einem Tiefschlaf. Was durch meditative Praktiken geschehen kann und eigentlich geschehen soll, ist, dass die Bewusstheit während dieser unterschiedlichen Zustände erhalten bleibt. Um mehr geht es ja erst mal nicht. Im Verlaufe von 24 Stunden tanzen wir mehrfach auf diesem Spektrum der Wirklichkeiten hin und her. Tatsächlich, und von einer integrativen Perspektive aus betrachtet, verlassen uns die anderen Zustände jedoch nie ganz, egal, in welchem besonderen Zustand wir uns befinden. Auch hier fällt auf, dass der Begriff des ‚Zustandes' Grenzen impliziert für etwas, dessen Übergänge fließend sind und das sich jeden Moment überlagern kann. Wir treten nämlich jeden Moment unseres Wachbewusstseins aufs Neue aus der Formlosigkeit heraus und treten in die Form, nur dass wir unsere Aufmerksamkeit so konditioniert haben, dass wir dies normalerweise nicht bemerken. Wir bemerken unsere konkreten Stimmungen, unsere offen liegenden Gedanken und Vorstellungen, ja unsere Gefühle und Emotionen, womöglich sogar, wenn wir eine Form der Therapie praktizieren, tieferliegende Strukturen oder Konflikte. Und doch verlässt uns die Formlosigkeit, die Leere niemals vollständig. Sie ist immer da, jeden Moment, und ist der Urgrund, aus dem wir unsere kognitiven und psychischen Formen schöpfen. Wenn die bewussten Formen, um eine Metapher zu gebrauchen, also die Gedanken, Vorstellungen, Stimmungen etc. gewissermaßen die Zweige, Äste und Blätter eines Baumes darstellen, so ist das Narrativ der Same, der aus der Dunkelheit entspringt und aus dem sich alle Formen bilden. Und zwar jeden Moment aufs Neue. Narrative sind insofern der Ursprung unserer Gedanken, sind die Quelle, durch die wir aus der Leere in die Fülle kommen. Jeden Augenblick erschaffen wir ein vollständiges kognitives, psychisches Universum, doch sind wir darauf konditioniert, eine Konstanz der Welt wahrzunehmen, eine Stetigkeit – die Welt ist jetzt hier, sie wird gleich auch noch hier sein – was seinerseits selbst durch bestimmte Narrative ermöglicht wird. Narrative sind in dieser Hinsicht Struktur- und Prozess-einleitende Urbilder, die dem normalen Alltagsbewusstsein indes auf dieselbe Weise verborgen sind wie die Tatsache, dass wir jeden Moment aufs Neue in die Leere und Formlosigkeit hinabtauchen, um ein neues Universum zu erschaffen. Es sollte mittlerweile deutlich geworden sein, dass wir hier nicht über das Universum an sich, also das materielle und physikalische Universum, sprechen, sondern über die psychische Repräsentation der Wirklichkeit. Die Psychologie beginnt erst, sich diesem Erkenntnisbereich anzunähern und gewisse Aspekte zu beleuchten, die schon seit Jahrhunderten Gegenstandsbereich der spirituellen Traditionen und Übungspraxen sind.[115]

115. Es war ja bekannterweise Peter Sloterdijk, der den Begriff der Religion dekonstruiert und argumentiert hat, dass es sich dabei immer um geistig-athletische Übungspraxen dreht, die uns bei der Selbstdisziplinierung und Mensch- und Bewusstwerdung helfen. Siehe *Du musst Dein Leben ändern*, 2009

Betrachten wir also unsere unmittelbare Lebenswirklichkeit, sei sie weltlich, sozial oder rein psychisch, so betrachten wir zunächst erst einmal unsere eigenen Perzepte und Konstruktionen, auch und gerade wenn uns unsere Kognitionen sagen, sie gehörten zur Außenwelt. Durch Narrative und damit auch kognitive Schemata, die wir in frühster Kindheit gelernt haben, wie temporäre ‚vorher/nachher'-Relationen, duale Differenzierung wie ‚krank/gesund', ‚reich/arm', ‚groß/klein' oder eben auch die Grenzziehung zwischen Innen- und Außenwelt gestalten wir grundlegend unsere Weltwahrnehmung und unsere Verhaltensweisen. Es ist dabei recht interessant zu beobachten, dass solche Dualismen wie ‚krank/gesund', ‚reich/arm' oder auch ‚schön/hässlich' kulturell in den letzten Jahrzehnten zunehmend dekonstruiert werden; niemand ist wirklich vollkommen ‚gesund' oder ‚krank';[116] ‚arm' und ‚reich' sind Begriffe, die nur in einem sozialen Umfeld gelten können, während sie in einem anderen vollkommen sinnlos sind. Und was schön oder hässlich ist, liegt bekanntlich im Auge des Betrachters. Unsere unmittelbare Wirklichkeit – die Wirklichkeit, die wir gerade jetzt erfahren – ist insofern mehr als nur die Menge aktualer, sinnlicher Wahrnehmung. In ihr kommen bestimmte Narrative zum Ausdruck, die sich in bestimmten Weltsichten und Weltbildern, Erfahrungen und Erwartungen, Zielen, Wünschen und Bedürfnissen ausdrücken. Tatsächlich erscheint in diesem Sinne unsere unmittelbare Ganzwelterfahrung als eine subjektiv und intersubjektiv selbst erzeugte Nische, in der

116. Vgl. das Konzept der Salutogenese von Aaron Antonovski, nach der Gesundheit nicht ein Zustand ist, sondern ein Prozess auf einem Spektrum.

wir uns nicht nur von Moment zu Moment verhalten müssen, sondern die wir durch bestimmte kognitive Verfahren und Verhaltensweisen gestalten.[117] Wir formen sie nicht nur weltlich, wir formen sie sozial und psychologisch. Wir designen, mit anderen Worten, durch unsere Narrative unsere Ganzwelterfahrung und erzeugen damit unsere eigene individuelle Geschichte mit uns, anderen und der Welt. Das heißt aber: Sobald wir den Zusammenhang zwischen unserem Verhalten und unserer Ganzwelterfahrung reflektieren, stehen wir vor der Möglichkeit und dem Problem, uns zu fragen, welche Ganzwelterfahrung, psychische Wirklichkeit und Selbsterfahrung wir *als Nächstes* erzeugen wollen. Die Frage ist eine, die auf die Wahl der Narrative abzielt. Hinzu kommt: Als menschliche Wesen können wir nicht immer in derselben kognitiven Wirklichkeit verweilen, in uns kommt der schöpferische Impuls zum Ausdruck, eine Veränderung vorzunehmen. Nehmen wir einmal nonduale Erfahrungen beiseite, wie sie von den östlichen Traditionen beschrieben werden, in denen wir in dem zeitlosen leeren Geist eintauchen und verweilen können, sind wir stets zum Handeln, zur Gestaltung gezwungen. Wir mögen dies psychologisch als Impuls zum Ziel kodieren, zur Entwicklung und Evolution, aber auch als Verliebtsein, als Passion, als Wille zu etwas; wir können Hoffnungen und Wünsche und Bedürfnisse formen. In all ihnen kommt der Drang zur Veränderung durch, und all diese Modi sind notwendig für die Gestaltung unserer Lebenswirklichkeit. Wir mögen selbst in einer wie auch

117. Wir leben nicht *in* der Welt, sagte einst Heinz von Foerster, sondern wir leben *mit* ihr. Siehe von Foerster, a. a. O

immer gearteten Krise stecken, in der wir die Unmöglichkeit sehen, etwas an unserem Leben zu verändern, doch auch darin zeigt sich nur der schöpferische Impuls, einen Übergang von einer zur anderen Wirklichkeit zu finden. Wenn wir in diesem Kontext der Erkenntnis der notwendigen Veränderung der Wirklichkeit ausgesetzt sind, stellt sich also unmittelbar die Frage, welche Wirklichkeit wir erzeugen und welche Narrative und Narrationen wir wählen sollen. Freilich ist dies auch eine ethische Frage. Wir werfen eine Lebensader in die Zukunft und formen einen Zukunftshorizont, der fünf Minuten, fünf Tage oder fünf Jahre umspannen kann. Wie wir dies aber tun, hängt ganz empfindlich von den Narrativen ab, die wir wählen, und damit von den Weisen, wie wir vom Kontingenten ins Konkrete kommen. Denn Narrative legen *per definitionem* in zeitlicher Hinsicht fest, wie wir von vom Jetzt ins Gleich oder Morgen kommen. Im Nacheinander der Wirklichkeiten, die wir erzeugen, erzeugen wir zwangsläufig Geschichte, und wir können dies nur in Form von bestimmten Muster oder eben Narrativen. Anders herum: Wir können nicht formen, was wir nicht kennen.

Aus einer anderen Perspektive erzeugen wir durch Narrative Geschichte und Geschichtsbewusstsein selbst,[118] denn diese Narrative bilden Strukturen, die Zeit und Handlungsverläufe organisieren. Mit anderen Worten: Durch Narrative legen wir fest, welche Repräsentationen und kognitiven Wirklichkeiten wir anstreben, und wie wir vergangene Ereignisse deuten. Durch Narrative erzeugen wir zunächst einen übergreifenden Handlungsstrang in

118. Vgl. Gergen, a. a. O.

unserem Leben, dem wir nicht selten blind unserem gesamten Leben folgen. Wir entfalten und verdichten bestimmte Narrative, während wir leben – eine Erfahrung, die umso offenkundiger wird, je älter wir werden. Geschichte und Geschichtsschreibung ist bekanntlich ja hochselektiv, und dies nicht nur im gesamtgesellschaftlichen, eben historischen Kontext. Mit ein bisschen Aufwand und sozialer Intelligenz können wir relativ schnell Andere, vor allem aber uns selbst, von alternativen Interpretationen des eigenen Handlungsverlaufes überzeugen; tatsächlich tun wir im Alltag nichts anderes. Wir suchen nach den passenden Beobachtungen und Perspektiven, bis wir jene finden, die wie auch immer intuitiv zu den übergeordneten Narrativen unseres Lebens passen. Auf diese Weise erzeugen wir Geschichte, indem wir bestimmte Ereignisse mit bestimmten Narrativen verschränken. Das gilt für das Individuum wie auch das Kollektiv gleichermaßen. Robert Parry[119] zeigte etwa mit seiner bedeutenden Arbeit über die Narrative und Narrationen in der amerikanischen Politik seit dem Zweiten Weltkrieg, wie der Kurs einer ganzen Nation verändert werden kann – und im Falle der Vereinigten Staaten eben auch verändert wurde – indem gängige Perspektiven auf Ereignisse und Narrationen ganz bewusst verzerrt wurden. Parry zeigte auf, dass diese Verzerrung so weit geht, dass zuweilen eine vollkommen Neuinterpretation der *Declaration of Independence* stattfindet, die der Standardinterpretation der Intentionen der Gründerväter vollkommen entgegenläuft. Etwa im Falle des Vietnamkrieges, wo aktiv eine vollkommene Verschlei-

119. Robert Parry, *Americas stolen Narrative*, 2011

erung der eigentlichen Motive vorgenommen wurde, sodass der eigentliche Nutzen, nämlich die Blockade der Expansionspolitik Chinas, nur marginal ins Bewusstsein der Öffentlichkeit trat. Im öffentlichen Bewusstsein haben die Amerikaner immer noch den Krieg gegen Vietnam verloren. Dass dies tatsächlich eine, sowohl was Menschenleben als auch Ressourcen angeht, kostspielige Finte war, die ganz andere Ziele verfolgte, wurde erst Mitte der 70er Jahre klar. Man denke etwa an die Erkenntnisse der *Pentagon Papers*, die die Ereignisse und die Involviertheit Amerikas im Vietnamkrieg in einen ganz anderen narrativen Zusammenhang brachte. Die Studie, die 1996 veröffentlicht wurde, zeigte, dass die Johnson-Regierung „systematisch gelogen hat, und zwar nicht nur der Öffentlichkeit gegenüber, sondern auch dem Kongress"[120] Die Pentagon Papers, die 1971 durch die New York Times veröffentlicht wurden, dokumentierten die gezielte narrative Irreführung der amerikanischen Öffentlichkeit durch sowohl die Regierungen Nixon als auch Johnson; ein Verfahren dass, wie schon erwähnt, den sozialen Konstruktivismus in die amerikanische Politik einführte. Unsere kulturelle Geschichte ist deshalb auch immer eine Geschichte der Narrative, die sich, auf die eine oder andere Weise, gegen andere Narrative durchgesetzt haben. Was an der Oberfläche geschieht – die tatsächlichen Ereignisse und Geschichtsverläufe – sind Explikationen von zugrundliegenden Narrativen, die nach Ausdruck streben.

120. http://www.nytimes.com/1996/06/23/weekinreview/25-years-later-lessons-from-the-pentagon-papers.html?ref=pentagonpapers

Es mag hilfreich sein, ein paar weitere, vielleicht sogar ethisch gesinnte Kommentare anzufügen. Welche Zukünfte und unmittelbaren Wirklichkeiten wir anstreben: Wir können jeden Punkt in Zukunft von jedem Punkt aus erreichen. Wir alle kommen jeden Moment aus der Formlosigkeit und binden die Formen. Die Variationsmöglichkeiten sind unendlich und an sich vollkommen unwahrscheinlich. Wir mögen denken, dass wir bestimmte Ausbildungen und Studiengänge brauchen, um irgendwas zu erreichen. Aber wenn uns die Geschichte eines gelehrt hat, dann, dass die unkonventionellsten und zuweilen gesellschaftlich bedeutendsten Taten eben von Leuten vollbracht wurden, die unkonventionelle Wege gingen. Überdies ist klar: Geschichte wird nicht nur von den ‚großen Männern und Frauen' geformt, sondern vor allem auch von dem Gesindel und dem Abschaum der Straße.[121] In vielen Fällen wirken gesellschaftliche Regeln und Normen über Weisen der Weltformung seltsam rigid und unfrei, und die Menge an überfüllten Universitätssälen von Menschen, deren Lebensweisen durch implizite Mainstream-Narrative organisiert werden, spricht Bände. Habe also den Mut – im Duktus Kants – dich deiner eigenen Narrative zu bedienen; oder allgemeingültiger: Handle nur nach denjenigen Narrativen, durch die du zugleich wollen kannst, dass sie ein allgemeines Gesetz werden.

121. Vgl. Thaddeus Russell, a. a. O.

Erzeuge eine Relation zwischen Beobachten und Handeln

Wir haben das Narrativ bislang als eine Denkfigur, als verborgene Form zwischen dem Sein und dem Nichts betrachtet, die, obwohl verborgen, dennoch strukturbildend auf die Grundlage unserer intersubjektiven Erzählungen und Narrationen wirkt. Obwohl aus psychischer Sicht Narrative zunächst als psychische Tiefenstrukturen erscheinen, durch die wir unsere subjektiven Wirklichkeiten gestalten und durch die wir bestimmte Perspektiven einnehmen und Beobachtungen vollziehen, so zeigt es sich doch, dass wir nur über den sozialen Dialog diese verborgenen Formen emporheben und ihrem Inhalt nach untersuchen oder verändern können. Hier werden diese Narrative dann in Narrationen umgewandelt, durch die wir unsere soziale Wirklichkeit gestalten. Auf diese Weise betrachtet können wir dieses konstruktivistische Modell der Narrative leicht an gängige psychologische, philosophische und soziale/anthropologische Modelle zur Narration anschließen.

Wir wollen in diesem Zuge ein wenig tiefer in die Idee des Dazwischen – z. B. ‚zwischen' Form und Formlosigkeit – eindringen, weil es uns Aufschluss zu geben vermag über die Wirkmechanismen von Narrativen. Dass wir in einem solchen steten Dazwischen oder auch Spannungsfeldern leben, hatte schon Platon erkannt, als er das Narrativ formte, dass wir stets *zwischen dem Sein und Werden leben.*

Auch diese Spannungsfelder wollen wir hier ganz allgemein als Denkfiguren behandeln.

Tatsächlich gibt es nun nur wenige Momente in unserem Leben, die vollkommen frei von Spannungsfeldern – in der Philosophie manchmal auch Metaxien genannt – sind, seien es so grundsätzliche Felder wie zwischen dem Sein und dem Nichts, aber auch zwischen problemorientiertem und lösungsorientiertem Denken, zwischen Egoismus und Altruismus, Introvertiertheit und Extrovertiertheit, gesund und krank, und generell überall dort, wo wir zwischen zwei Polen oszillieren und nie ganz das Eine oder Andere sind, sondern immer irgendwo dazwischen. Als Denkfigur sind Spannungsfelder so attraktiv, weil die Übergänge zwischen den Polen hier viel fließender sind als im reinen dualen und strukturellen Denken. Wie in der *Salutogenese* gedacht, sind wir nie nur gesund oder krank; wir bewegen uns auf einem Spektrum. Spannungsfelder sind eine Grundbedingung unserer Existenz. Leben heißt, mit solchen Spannungsfeldern zu leben, sie zu nutzen, aufzuspannen, mit diesem selbstreferenziell aufgebauten Existenzdruck umgehen zu können und ihn in Handlung zu überführen.

In Bezug auf unser Anliegen, narrative Konstruktion zu beleuchten und ein narratives Bewusstsein zu beschreiben, finden wir ein erstes Spannungsfeld darin, seine eigene unmittelbare Aktualität – sein Sein und seine Gegenwart – in irgendein Verhältnis zur Vergangenheit oder Zukunft zu bringen. Das führt uns direkt in ein weiteres Spannungsfeld: nämlich zu erkennen, dass wir einerseits handeln müssen und nicht nicht handeln können, sowie andererseits dem Problem, dass man beobachten muss, und auch hier nicht nicht beobachten kann und dadurch der Gegenwart zumindest das unbestimmte Element des Beobachtens der Gegenwart hinzufügt. Man kann das Problem partiell lösen, nämlich indem man in einem Fall eine Form von reinem (spirituell-meditativen) Zeugenbewusstsein erlangt, welches einen von dem Zwang zur Handlung befreit, weil dort niemand ist, der handeln könnte; sowie zu versuchen, den Zwang zur Beobachtung durch absichtliche Tilgung und Vergessens dieses Zusammenhang zu überwinden. Tatsächlich sind dies aber Grenzfälle, die uns hier nicht zu beschäftigen brauchen.

Mit anderen Worten: Wir können, von einigen Grenzfällen abgesehen, weder ohne eingebettete Narrative handeln, noch Gegenwart oder Zukunft beobachten. Unser narratives Bewusstsein bestimmt unser Tun und unsere Wahrnehmungen und erzwingt so unser Handeln in der Zukunft. Sofern wir dieser Reflexion Gültigkeit zuweisen wollen, müssen wir uns aber in ethischer Hinsicht fragen, was wir tu wollen, was wir beobachten, und allgemein: welche Narrative wir erzeugen und welchen wir folgen wollen. Dies führt uns aber direkt zu den ethischen Fragen, was wir *wollen* (denn selbstreflexives Handeln ist immer Wollen) und wie wir *lieben* können (denn das Andere beobachten und integrieren zu können ist immer die Wurzel der Liebe). Unser Wille hängt immer von den Narrativen ab, die wir wählen, wie sich unsere Liebe auch immer darin zeigt, fremde Narrative annehmen zu können. Die psychologische Frage nach Handlung und Beobachtung wird bei dieser Reflexion immer zu der ethischen Frage des Wollens und Liebens, und dieser Wandlung wollen wir für einen Moment beiwohnen.

Diese Notwendigkeit und Polarität unserer Existenz zwischen Beobachten und Handeln spannt unmittelbar ein Dazwischen auf: Wir müssen uns selbst immer wieder in Übereinstimmung mit uns selbst und den subjektiven und intersubjektiven Wirklichkeiten bringen. Wir können diesem Anpassungsdruck nicht entfliehen; die Welt und wir selbst: Wir drängen uns stets einander auf, um die Spannung des Nichts-Passens zu lösen. Auf der anderen Seite führt jede nicht unmittelbare Lösung dieser Spannung bekanntlich zu Unbehagen, zu Problem- und Hindernisbewusstsein. Wir versuchen diese Spannung zu lösen, indem wir in Aktion treten, uns selbst oder die Welt verändern, oder indem wir unsere Weisen der Beobachtung verändern. Dies erfordert einen hohen Aufwand. Fehlschlag, also die wie auch immer sich manifestierende Unmöglichkeit, Selbst und Welt über Handeln und Beobachten in Übereinstimmung zu bringen, ist daher systemisch betrachtet eher der wahrscheinlichere Fall, der Grundzustand, durch den uns letztlich nur der Tod befreit. Nicht zuletzt deshalb besteht das Wachstumsnarrativ der spirituellen Traditionen auch darin, dem Fehlschlag keinen weiteren Widerstand entgegenzubringen und sich über der scheinbar negativen Ereignisse genauso ungestört anzunehmen wie der scheinbar positiven.

Sobald wir dieses Feld zwischen Beobachten und Handeln aufspannen – sollen wir im gegebenen Fall handeln, oder sollen wir beobachten? – sehen wir gleichermaßen die Bedingung der Möglichkeiten der Einheit und der Zersplitterung. Wir können temporär wie auch immer lang- oder kurzfristig eine Einheit von Selbst und Welt anstreben und erreichen, aber wir werden sie wieder verlieren. Verschärft wird das Problem der Spannung von Handeln und Beobachten durch die Tatsache, dass wir nur via kognitiver Repräsentation ein Bild unserer Handlungen erzeugen können, und so haben wir zwei Pole, die an sich Teil des Bewusstseins sind: Das Beobachten und das Handeln sind subjektive Erfahrungswirklichkeiten, und können nur, wie alles andere auch, durch Kognition selbst beobachtet und bewertet werden. An und für sich haben wir es hier mit einem rein kognitiven Spannungsfeld zu tun. Bevor wir uns der Frage zuwenden, wie wir mit diesem Spannungsfeld zwischen Wille und Liebe umgehen, möchte ich ein paar Aspekte voranstellen.

Für Platon war eines der wichtigsten Spannungsfelder jenes zwischen Gott und Mensch. Als das innere Gefährt oder der Mittler zwischen diesen beiden Polen verstand Platon, wir hatten es schon erwähnt, nun *Eros*, nicht nur als Liebe, sondern als Daimon, als guter Schutzgeist, als Vermittler zwischen Gott (oder der Gottheitserfahrung) und Mensch, aber auch als Richtschnur und Wegweiser des Menschen auf dem Weg zur Gottwerdung, und damit als ein Mittelwesen zwischen Sterblichen und Unsterblichen. Mehr noch: Eros sei Transzendenz. Durch den Daimon Eros transzendiert der Mensch sich selbst, kommt vom Werden zum reinen Sein, dem gottgleichen erleuchteten Bewusstseinszustand. Das Daimonische sei der jeweilige Dolmetscher der beiden Instanzen. „Nämlich nicht unmittelbar tritt die Gottheit mit dem Menschen in Berührung, sondern durch seine Vermittlung geht aller Verkehr und alle Zwiesprache der Götter mit den Menschen im Wachen wie im Schlafe. Und wer dieser Dinge kundig ist, der ist ein Daimonenbeseelter (und daher dem Höheren Zustrebender), wer aber irgendeines anderen in Künsten oder Gewerben kundig ist, der ist bloß ein handwerksmäßiger Mann. Solcher Daimonen gibt es nun viele und von mannigfacher Art; einer von Ihnen ist aber auch Eros". Für Platon bewegt sich der Mensch durch die Welt des Werdens und der sich stets verändernden Welt sinnlicher Wahrnehmung in die Welt des Seins, der Welt der Ideen, des Absoluten, der Transzendenz. Selbst wenn wir die griechische Fassung Gottes ausgrenzen und durch neue psychologische Begriffe ersetzen, so können wir den Begriff Gott als Glyphe für bestimmte Erfahrungswirklichkeiten nutzen, die es für uns zu erschließen möglich ist. Der Mensch transzendiert sich durch Eros, bis er jenen mystischen, erleuchteten Zustand des Bewusstseins erreicht, in dem eine Einheit mit allem erfahren wird. Man denke auch an die narrativfreien Gipfel- und Ekstaseerfahrung, die durch amouröse, spirituelle oder sportliche Unternehmungen zustandekommen. Doch Platon unterschied in diesem Zusammenhang zwischen den *erotischen* und den *thymotischen* Grundimpulsen des Geistes und der Seele. In seiner Grundform meint *thymos* hier Passion, Kraft, Stärke, Wille und Aggression (als *Herantreten*), um die Welt zu erschaffen. Platon selbst nutzt im *Phaidros* das Bild eines Pferdewagens, dem die Pferde Eros und Thymos vorangespannt sind. Beide Kräfte der Seele ergänzen sich, und beide müssen sie heute integriert werden. [122]

Es ist in diesem Zusammenhang wichtig zu erkennen, dass die Spannung von Handeln und Beobachten – oder eben auch von Eros und Thymos, nur durch eine viel grundlegendere Spannung, nämlich von Sein und Nichts, ihr Potential entfalten kann. Beide Spannungsfelder sind auf eine Weise so miteinander verschränkt, dass wir gezwungen sind, dem drohenden Nichts immer wieder durch Beobachtungen und Handlungen entgegenzutreten, durch Sinn und Sinnsetzung. Existenziell erfahrene Sinnlosigkeit oder gar Depression vermag auf diese Weise gedeutet werden als das Beobachten des Nichts, das Einlassen auf das Absurde und der Erkenntnis der Sinnlosigkeit der eigenen Beobachtung und Handlung. Leben heißt, in welcher Form und mit welchem Sinn wir es auch umsetzen, immer in diesem doppelten Spannungsfeld zu leben. Und es zeigt auch auf den selbstreferenziellen Zirkel psychischen Operierens, welches nämlich bestimmte Narrative benötigt, um sich solcher Spannungsfelder oder gar der existenziellen Sinnlosigkeit überhaupt zuwenden (und beobachten) zu können.

Um ein narratives Bewusstsein besser zu verstehen, wollen wir uns gleich der Spannung zwischen Beobachten und Handeln in seiner ethischen Variante, der Liebe und dem

122. Sloterdijk griff kürzlich erneut diese Differenzierung auf, und deutet Thymos als Zorn. Siehe *Zorn und Zeit*, 2004. Er zeigte, wie sowohl Kultur im Allgemeinen als auch Psychologie im Besonderen sich auf die erotischen Impulse konzentriert, während es auf der anderen Seite keine individuellen oder sozialen Übungspraxen für die Entwicklung thymotischen Lebens gibt, und diese thymotischen Impulse unkontrolliert zurück in den Alltag treten, etwa durch Rachefantasien, die mit der Moderne Eingang finden in Literatur und Unterhaltung.

Willen, zuwenden. Im einfachsten Sinne liegt der Schwerpunkt des Willens oder *Thymos* auf der Spannung, wie eine gegebene Beobachtung performativ umgesetzt werden kann. Wir haben es hier also mit einer *operationalen* Spannung zu tun, nämlich wie wir das eigene Handeln in Übereinstimmung bringen mit der Menge unserer Beobachtungen. Hier geht es notwendigerweise um die Frage des praktischen Wollens und der Gestaltung unserer Lebenswirklichkeit. Die eigentliche Spannung und implizite Frage besteht darin, eine Lösung für den Druck zur nächsten Handlung zu finden. Narrative, die auf Thymos basieren, sind notwendigerweise *injunktiv.* Sie weisen zur nächsten Handlung an.

Demgegenüber tendiert *Eros* zu dem Pol der Beobachtung und ist an sich eher eine *deskriptive* Lösung der Spannung, was als Nächstes beobachtet werden soll; ihr Ansatz liegt dementsprechend auch darin, herauszufinden, was überhaupt gewollt wird, und wie wir unser Erleben mit der Menge an beobachteten Handlungen und Prozessen in Übereinstimmung bringen können. Sobald uns, mit anderen Worten, ein beliebiges Spannungsfeld, in dem wir uns befinden, zum Handeln motiviert, beziehungsweise dazu, die Spannung durch Handeln und der Erzeugung von Wandel zu lösen, so befinden wir uns im Thymos. Tendieren wir aber dazu, unsere interne Spannung durch Deskription des Gegebenen zu lösen, so befinden wir uns eher im Eros. Wir verlassen nicht die eigentliche Spannung von Handeln und Beobachten, verändern aber im gegebenen Fall unseren inneren Schwerpunkt.

WOLLE

Das Narrativ des *Verlassen-Wollens der Insel* ist ein gängiges Thema in Literatur und Film. Wir finden es ebenso in *Papillon, Cast Away* wie in der *Odyssee*, in der die schöne Kalypso für sieben Jahre den Odysseus mit dem Versprechen nach Unsterblichkeit in seinem Bann hält, bis er, und nur auf Anweisung von Zeus und Hera, von Kalypso freigegeben wird und mit Reisekost und einem Floß ausgestattet wieder zur Meeresreise aufbricht. Es ist die narrative Grundlage populärer Serien wie *Lost* oder *Survivor*. Aber wir finden das Motiv auch in der Komplexitätstheorie, die besagt, dass gewisse Systeme dazu tendieren, stabile Inseln im Chaos zu bieten, bis wir sie wieder verlassen müssen, um zu überleben. Wir finden sie im politischen Geschehen um Exil und Flucht vom Exil (wie Napoleon), wir finden sie in der Entwicklungspsychologie, in der wir manchmal die stabilen und sicheren Bereiche – seinen es bestimmte Entwicklungsstufen, oder sei es nur unsere Komfortzone – verlassen müssen, um neue Erfahrungen zu machen. Mit diesem Mythos, mit diesem Narrativ, gehen notwendigerweise bestimmte Perspektiven und Phasen einher, bestimmte Probleme, bestimmte Lösungsmöglichkeiten. ‚Wir könnten verweilen', flüstert die innere Stimmung – wenn wir es doch nur könnten! Wir wollen aber weiter, wir wollen Neues, wir brauchen Neues. Wir wollen leben und neue Erfahrungen machen. Wir wollen Veränderung. Es müssen wahrlich große Anstrengungen unternommen werden, um die sicheren und gewohnten Inselbereiche zu verlassen, denn in psychologischer Hinsicht wirken solche Inseln wie Attraktoren, die einen in ihren Erfahrungsbann ziehen. Gegen diesen muss man sich erwehren, will man neue Erfahrungen machen, will man seine Lebensumwelt neu gestalten. Wir müssen womöglich Familie und Freunde, Haus und Heim, Geld und Sicherheit hinter uns lassen. Und wir können nicht anders. Wir müssen es tun. Dieser Drang ist *Thymos,* also Passion, in seiner Reinform.

Die sichere Insel unseres alltäglichen Daseins zu verlassen, heißt, in das Unbekannte zu streben. Heidegger wusste, dass dieses Streben ins Unbekannte auch immer ein Streben in Richtung Tod ist. Holografisch spiegelt sich auf diese Weise unser gesamtes Dasein in jedem einzelnen Moment: Was am Ende des Lebens, was nach dem Tod geschieht, ist niemals wissbar, zumindest nicht von unserer irdischen Perspektive aus. Aber wir streben gen Tod, streben zur Ungewissheit.. Der Tod kann nicht gewusst sein, dass macht seinen Reiz aus. Und doch ist er unausweichlich. Und diesen Aspekt des Seins finden wir auch, wenn wir Wille, wenn wir Thymos und Passion, wenn wir Flow zeigen und in der Welt sind: Wir verlassen dann die bekannten Bereiche und streben ins Unbekannte. Was im nächsten Zuge passiert ist unbekannt. Wir können natürlich auf der stabilen Insel unseres alltäglichen Seins verharren. Aber ist das Leben? Führt nicht allzugroße Sicherheit allzu häufig zu Depression und innerer Leere? Müssen wir nicht das Wagnis auf uns nehmen, sterben zu können? Wenn wir dieses Wagnis eingehen, dann wollen wir.

Um die stabile Insel unseres Alltags zu verändern, müssen wir unser narratives Grundgeschehen verändern, manchmal sogar grundlegend. In nicht vielen Fällen tritt zur Lebensmitte sowohl beim Mann als auch bei der Frau häufig ein Moment der Reflexion und Neuordnung ein; man will es aufs Neue probieren, neue Erfahrungen machen, das Leben leben. Wir fangen an mit einem neuen Job, einer neuen Beziehung, einer neuen inneren Zugehörigkeit; wir entdecken die Spiritualität oder Entwicklungshilfe oder Extremsportarten. Wie die Entwicklungspsychologie zeigte, durchlaufen wir in unserem Leben mehrere solcher Phasen, in denen unser aktives Engagement gefordert wird, wenn wir unsere Lebensumstände grundlegend ändern wollen. Es reicht dann nicht mehr, einfach nur unser So-Sein zu beobachten und uns mit unserer Erfahrung zufriedenzugehen. Wir wollen weiter! Und wir finden in diesem Wollen keine andere Rechtfertigung als das Leben selbst. Wir können nicht ewig in dem Erlebten und dem schon Integrierten verweilen. Wir müssen etwas tun. Wir müssen stören und Störungen erschaffen. Hier sind wir dem Zukunftsdruck ausgesetzt, der uns zu handeln zwingt. Wir gehen hier ins Konkrete, ins Gegenständliche, zuweilen ins Materielle. Wir gehen in die Passion, ins *Thymos*, wenn wir uns zu bestimmten Beobachtungen und Handlungen zwingen. Vor allem aber gehen wir in die Domäne des Wandels, erzeugen ihn, werden zu Agenzien des Wandels und – letztendlich – der Evolution selbst. In dem kognitiven Attraktor der Handlungsspannung geben wir das Kontingente und das Relative unserer Beobachtungen und Perspektiven auf und entscheiden uns für einen konkreten Fall ... die Welt wird zu dem, was der Fall ist. Die Vielheit der Möglichkeiten wird eingegrenzt durch die manchmal, aber nicht immer, moralische Handlung, durch die konkrete Entscheidung. Als Menschen erfahren wir diese Konkretion des Beobachtens und Handelns vor allem als Wille, d. h. als Eigenwille – in den späteren, mystischen Zuständen erleuchteten Bewusstseins, aber auch als Nicht-Eigen-Wille, als ‚Weltenwille'.[123]

Gehen wir ins Thymos, verwirklichen wir stets die Narrative, die wir für uns gewählt haben. Wir können nicht narrativfrei handeln, wir können nicht wirklich sinnfrei handeln, auch wenn unsere Handlungen für Andere zuweilen sinnlos erscheinen. Hier heißt Wollen: Verwirkliche deine selbst-gesetzten Narrative! Vom Standpunkt psychischen Operierens, was stets einen Zusammenhang aus Vorher und Nachher erzeugt in dem Sinne, dass Folgeoperationen nur anhand von vorherigen Operationen erzeugt werden können, gibt es kein sinnloses Handeln. In dieser Hinsicht sind wir Regisseure, Schauspieler und Bühnentechniker in einer Person; stehen wir einmal auf der Bühne, können wir das Drehbuch nicht mehr verändern. Werfen wir mit unserer Vernunft, unserer Kognition einen ersten Lichtstrahl ins Dunkel, so ist es unsere Handlung, die tatsächlich ins Dunkel springt und neue Inseln erobert. Durch den Willen zwingen wir die Formbildung und unsere Narrative ins Konkrete. Die Aufforderung der Weisen von Delphi, uns selbst zu erkennen, findet hier im Willen eine weitere Dimension. Erkenne Dich selbst … an deiner Handlung. Mehr als die Vernunft oder der Wunsch

123. Vgl. Rudolf Steiner, *Wie erlangt man Kenntnis höherer Welten?*, 1918

zeigt uns der Wille, welche Inseln wir tatsächlich bereit sind zu formen.

Wille, Passion oder Thymos: Es ist dies, wie wir es auch immer nennen, das Grundwerkzeug unserer Seele. Vor diesem Hintergrund müssen die frühen Entwicklungsstufen des Geistes neu bewertet werden, denn vor allem in ihnen spiegelt sich der reine Wille zum Wachstum. Im Willen drückt sich stets die Einheit und überwundene Spannung von Beobachtung und Handlung aus, nämlich im Ziel und Verfahrensbewusstseins. Ohne Zukunftshorizont, aber auch ohne Handlungsinjunktion, kein Wille, keine Passion.

Sprechen wir nun über Wille, können wir in der Regel zwei Perspektiven einnehmen. Man könnte sie die subjektivistische und die objektivistische nennen. Die *subjektivistische Perspektive* besteht darin, die Erfahrung zu machen, *zu wissen, was man will*. Dies ist letztlich immer eine freudige Erfahrung, ein Moment des Wissens und der Übereinstimmung. In letzter Instanz ist es unser Wille, durch den wir eine Synthese aus System und Umwelt oder – um es mystisch zu sagen – Mikrokosmos und Makrokosmos herstellen, indem wir unter dem Dogma eines gewählten Narrativs handeln. Dass dies alles nicht immer einfach ist, wusste schon Ortega y Gasset, als er uns wissen ließ, dass es das Schwierigste der Welt sei, zu wissen, was man will. Wieso? Zunächst, weil es stets anders möglich ist, und wir uns entscheiden müssen! Wir stehen zunächst im Dunkel, und müssen aus der Leere die Fülle schöpfen. Sobald wir uns der Kontingenz des Willens bewusst werden, müssen wir ein Narrativ wählen, um handlungsfähig zu werden. Wir müssen wagen, und es ist kein Wunder, dass wir uns deshalb allzu häufig auf die alten Narrative der Kultur zurückziehen, anstatt neue zu erzeugen. Es ist immer leichter, auf die tradierten Lebensentwürfe zurückzugreifen, als vollkommen neue zu wagen. Denn warum sollten wir uns der in dieser Hinsicht doppelten Unsicherheit aussetzen, wenn schon die einfache Unsicherheit, nämlich dass wir sterben werden, kaum erträglich ist? Lieber die Leere mit den bewährten Mustern füllen, als neue zu erzeugen! Ein zweiter Grund für die Schwierigkeit, zu wissen, was man will, liegt darin, dass nur in den seltensten Fällen unserer Existenz der Maschinenraum unserer Psyche so fein eingestellt ist, dass es an der Oberfläche unseres Bewusstseins nicht zu Irritationen, Spannungen und Unzufriedenheit kommt. Nicht nur zerren Impulse aus allen Ebenen der Entwicklungsstufen an uns und drängen zur Verwirklichung. Auch kommen aus dem gesamten Spektrum der Wirklichkeiten Impulse, die verwirklicht und integriert werden wollen. Und hier spreche ich noch nicht einmal von der sozialen Dimension, von Anforderung und Passung. Zu wissen, was man will, heißt dann nicht nur, all diese Impulse zusammengebracht zu haben, sondern auch, diesen Willen in die Welt tragen zu können. Dies ist tatsächlich eine – wenn nicht die schwerste – Aufgabe: Ein Narrativ zu finden, welches alle Regungen unserer Seele zu integrieren vermag.[124]

124. Nicht umsonst ist es stets auch Ziel der Weisheitstraditionen, den Studenten zu lehren, von seinen egoischen, oberflächlichen Willensanstrengungen abzulassen, um sich dem Ganzen (seiner Innen- und Umwelt) zu öffnen und eins zu werden mit dem wahren Willen, dem Weltwillen, welcher in Wirklichkeit ja nichts anderes ist als die Passgenauigkeit von psychologischen und sozialen Entwicklungen.

Demgegenüber besteht die *objektivistische Perspektive* zum Willen indes darin, unterschiedliche Komplexitätsgrade des Willens zu beobachten, die sich in dem Maße unterscheiden, wie tief die Konstruktionsprozesse im Raum des Geistes in den Willen selbst inkorporiert werden können; man könnte im gängigen Modejargon auch sagen: Von welcher Entwicklungsstufe aus gehandelt werden kann. Je bewusster wir uns über die tiefen Regungen unserer Psyche sind, umso mehr integrieren wir sie und nutzen ihre Potenziale. Wählen wir in diesem Sinne ein evolutionäres Narrativ, können wir beobachten, dass der Wille – wie auch die Liebe – selbst einem Entwicklungsprozess unterliegt. Unsere Liebe findet auf jeder Entwicklungsstufe ihren Ausdruck und wächst zunehmend, ist fähig, immer mehr einzuschließen; wir lieben in narzisstischer Weise erst uns selbst, dann unsere Eltern und Geschwister, dann unsere engen Freunde, bald können wir unsere Liebe auf ganze Gruppen oder gar Nationen ausweiten, und womöglich sind wir irgendwann im Laufe unseres Lebens so reif, dass wir allen Erscheinungsformen des Lebens mit Liebe entgegentreten können. Dasselbe Wachstumsprinzip gilt auch für den Willen.

Es ist für uns dabei wichtig hervorzuheben, dass Wille (streng genommen) in seiner ersten vollständigen Manifestation ein relativ junges Phänomen ist und erst mit der Moderne auftreten konnte, wo sich auch geschichtlich erstmals konzeptionell ein Individuum als solches abzugrenzen vermochte;[125] das Individuum und sein Wille konnten

125. Eine umfassende Darstellung der Entwicklungsstufe des Willens findet sich in Tom Amarque, *Entwicklung als Passion*, 2011

erst im Narrativ der Moderne auftauchen. Natürlich gab es Formen intentionalen Handelns des Menschen auch in der Vormoderne. Doch man muss die Formen der Intention, heraufreichend von dem Drang der Grundbedürfnisbefriedigung bis hin zu Gruppenanpassung und regelorientiertem Verhalten als Vorformen des Willens begreifen, der mit dem Konzept des separat-verantwortlichen Individuums kulturell übergreifend erst im 18. Jahrhundert auftauchte (auch wenn einzelne *Individuen* schon vor der Moderne aufgetaucht sind). Hier ist es der Wille als Kraft des sich selbst als singulär begreifenden Individuums, ein Wille zur Leistung, zum Erfolg, zur Macht, der in Erscheinung tritt und auch noch heute eine der grundsätzlichen Konzeptionen zum Willen bildet. ‚Ich will': Dieses modernistische Paradigma, diese zwei magischen Worte sind tief in unsere westliche Kultur eingeflossen und formten sie wie kaum ein Anders. Damit gingen Disziplin, Arbeit, Schulung[126] und überhaupt die Vorstellung einher, dass man innere oder äußere Widerstände überwinden muss, um zu einem gewählten Ziel zu kommen.

Dass der Wille in unserer Kultur eine wie auch immer zwiespältige Reputation hat, mag darin liegen, dass eben dieser modernistische Wille, in seinem Zwang, etwas zu erreichen und alle inneren Dimensionen von anderen Menschen und Umwelten zu ignorieren, soviel Harm sowohl dem Menschen als auch der Kultur zugefügt hat, dass sich die postmoderne Kultur die Worte ‚Liebe' und ‚Wir' aufs Banner geschrieben hat, um die durch das ‚Ich' und den ‚Willen' verursachten Schäden der Moderne zu

126. Vgl. Michel Foucault, *Überwachen und Strafen*, 1976

heilen. Wenn wir aber genauer hinschauen, sehen wir auch in der Postmoderne eine Form des Willens, die sich grundlegend von dem Willen der Moderne unterscheidet. Hier wird der Wille erstmals fähig, das zu integrieren, was vorher ausgegrenzt wurde, seien es psychologische Blockaden, seien es soziale Widerstände. Hier beginnt er dementsprechend wie ein natürlicher Fluss in Bewegung zu kommen, etwas, was sich unter Berücksichtigung aller Aspekte ausdrücken kann. Der Surfer, der die Welle reitet; der Bergsteiger, der in *Flow*, also in eine Einheitserfahrung, kommt; der Bastler, der sich selbst in seiner Tätigkeit verliert; der Yogi, der durch den Fluss seiner Handlungen zu einer inneren Ordnung kommt – all sie erfahren eine neue Form des Willens, ein sanftes Fließen, dessen Ziel darin besteht, eine neue Einheit zwischen Handeln und Beobachten zu erzeugen. Der postmoderne Pluralismus führte ja nicht nur zu einer sozialen Bewusstheit, die Minderheiten integriert, sondern auch zu einem disparaten Ich; wer, so lautet das gängige Narrativ, in unterschiedlichen sozialen Welten lebt, formt auch unterschiedliche Ichs aus, die miteinander in Konflikt liegen können. Dies hat auch etwas mit dem kulturell übergreifenden Narrativ zu tun, dass die großen übergreifenden Erzählungen, durch die man sein ganzes Leben zu strukturieren vermag, ihre Wirkung verloren haben. Und das heißt auch, dass der typisch Postmoderne zwar in einer Lebenswelt seinen Willen ausüben kann, dies in anderen sozialen Lebenswelten aber ganz und gar nicht der Fall ist. Die eine Lebenswelt hat so gar nichts mit der anderen zu tun, und auch, wenn man beim Bergsteigen oder Yoga gut in Flow kommen kann, ist man dazu bei den eigenen Finanzen vielleicht nicht in der Lage. Disparate Ichs implizieren dann auch immer: disparate Lebensumwelten, die zuweilen nicht in Bezug zueinander stehen. All diese Trennung ändert sich schlagartig auf der nächsten Entwicklungsstufe mit einer neuen Form des Willens; hier emergiert ein neues performatives Selbst, dessen Ausdruck die unterschiedlichen Ichs sind. Es ist das große vereinheitlichende Ereignis der Psyche: Alles findet zusammen, und das tiefe Selbst findet Möglichkeiten, sich in allen Lebenssituationen auszudrücken. Die geistigen Schatten und Traumata, die mit der vorherigen Stufe erschienen sind, wurden integriert. Dieser performative Wille impliziert die Freiheit, an allen Kunstwerken, Lebensformen und Entwürfen teilzunehmen, obwohl oder gerade weil das Individuum weiß, dass alle Unternehmungen letztlich anders möglich sind. Aus einem kleinen Flüsschen wird so ein starker Strom des Willens, der sich in allen Lebenssituationen ausdrücken kann. In gewisser Weise wird auch ein neues – alles übergreifendes – Narrativ gefunden, um die unterschiedlichen Ichs zu organisieren.

Ganz allgemein können wir festhalten: Wille, auf welcher Stufe auch immer, erzeugt evolutionäre Distanz. So wie das junge Kind die Einheit mit seiner Mutter aufbricht, damit das Fundament seiner Ich-Identität legt und in dieser Hinsicht eine evolutionäre Distanz (zu seiner Mutter im Besonderen) aufbaut, so erzeugt diese narrative Theorie als operationale Konstrukt-Philosophie eine evolutionäre Distanz den Narrativen im Allgemeinen gegenüber. Evolutionäre Distanzierung heißt, in sukzessiver Weise unserer unmittelbaren Lebensumwelt, unserer biologischen Körperwelt, unseren Gefühlen, Gedanken und Sozialprozessen sowie unseren Narrativen gegenüber Freiheit zu gewinnen. Es heißt nicht, keine Narrative mehr nutzen zu müssen, sondern nur, sie frei anzuwenden.

Wir können an diesen kurzen Überlegungen klar sehen, dass Wille ganz eng an Narrative gebunden ist, sowohl in dem, wie wir ihn begreifen, als auch in der Hinsicht, dass Narrative nur über den Willen geformt und ausgedrückt werden können. Wille heißt deshalb auch: Wir können nur wollen, unsere Narrative selbst zu wählen und umzusetzen; wir können das Willen selbst wollen. Oder wir verbleiben in der Stille.

LIEBE

Gnothi Seauton! Diese Worte hallen heute immer noch nach, seit sie im Delphitempel gesprochen wurden. Erkenne Dich selbst! Was auch immer uns evolutionär dorthin führte, unser eigenes Sein reflektieren zu können – seien es neurologische Feedbackschleifen, seine es aufeinanderfolgende Entwicklungsstufen des Geistes, sei es kulturelle Tradierung, oder sei es alles gleichzeitig – so ist der Prozess der nach-innen-Wendung, der Selbstbetrachtung im Verlauf der Menschwerdung zu einem essenziellen Bestandteil unseres Seins geworden. Descartes´ ‚Ich denke, also bin ich' war Ausdruck dieser Reflexion, durch die man alles bezweifeln kann und nur Sicherheit durch die Vernunft und das Denken selbst erlangte; denn nur des Denkens konnte man sich selbst sicher sein; selbst wenn man bezweifeln würde, dass man denkt, so denkt man immer noch. Dies war die Grundlage fast aller bedeutenden Philosophen, die Descartes folgten.

Wir können uns heute nicht mehr nicht selbst beobachten, und dies ist eigentlich recht erstaunlich: Wir können nicht nur, wir müssen mittlerweile unseren Reflexionsdruck selbst reflektieren. Sobald wir aber unsere Weisen der Reflexion reflektieren und in diesem Sinne einen reflexiven *re-entry* vornehmen, müssen wir zwangsläufig nach diesen Geschichten und Narrativen fragen und nach den Perspektiven, auf welche Weise wir eben reflektieren. Reflektiere die Reflexion meint also, den Kontext unserer Beobachtung in die Beobachtung selbst zu überführen.

Wir sind nun mal alle Kinder der Postmoderne. Und nach welchen Weisen und mit welchen Perspektiven sollen wir uns selbst beobachten?

Unse Kultur löst dieses Problem mit einer sehr oberflächlichen und vom Ansatz her für alle gültige – wir leben in einer globalen Kultur – Moral. Führte der Reflexionsdruck und die moralische Selbstbetrachtung verstärkt im Mittelalter im Westen dazu, dass man bestimmte durch christliche Narrationen und Narrative vermittelte normative Regeln einhielt – wir wissen heute: Ein nicht kleiner Teil der ‚Hexen' des Mittelalters zeigte sich selbst an[127] – führt es heute etwa zu in seiner Natur nach totalitären Weisen der *political correctness*[128] und der kulturellen (und auch staatlichen) Dauerüberwachung, die, darüber sollte man sich stets im Klaren sein, vor allem evolutionär-psychologische Ursachen hat. Die vorzügliche Idee der politischen Korrektheit besteht ja ursprünglich darin, kein Individuum und keine soziale Gruppe zu verletzen, zu benachteiligen oder auszuschließen. Das kulturelle *Problem* der politischen Korrektheit aber besteht darin, dass es eine postmoderne Kulturtechnik ist, die einen performativen Wiederspruch[129] in sich trägt, nämlich die Menschen auszuschließen, die sich unabhängig von ihrer tatsächlichen kognitiv-

127. Vgl. Oswald Spengler, *Untergang des Abendlandes*, 2007

128. In einem geflügelten Wort Slavoi Žižek, der damit den Konformitätsdruck beleuchtet http://bigthink.com/videos/slavoj-zizek-political-correctness-is-fake

129. Solche inneren, oder eben performativen Widersprüche sind von vielen Denkern als eines der Kennzeichen der Postmodere diagnostiziert worden. Man denke an die absolute Aussage: Alles ist relativ. Vgl. auch Jürgen Habermas; *Theorie des kommunikativen Handelns*, 1981

moralischen Gesinnung gewisser Sprachmuster bedienen. Die politische Korrektheit widerspricht insofern ihrem eigenen Programm. Auf dieser Basis wird die politische Korrektheit dann zu einem sozialen Kontrollmittel der Sprache und Sprachmuster, dem sich unter Sanktionsdruck selbst die fügen müssen, die gar kein Toleranz- oder Aggressionsproblem mit Stand, Ethnie, Individuum oder Gruppen haben. In diesem Kontext verfügt dann auch das Argument über Gültigkeit, dass etwa Worte an sich nicht verletzten können, sondern nur Worte, die in bestimmten Kontexten und unter bestimmten Narrativen von den Adressaten selbst auf bestimmte Weise gedeutet werden. Das heißt: Politische Korrektheit wird im schlechten Fall selbst zu einem Gewaltwerkzeug, das nach willkürlicher Maßgabe von den Befindlichkeiten einer Person abhängt, welche sich selbst nur zu schnell als ‚Opfer' betrachten möchte. Das heißt: Politische Korrektheit, die uns in unserer Entscheidungsfindung hilft, ist an sich nicht das Problem; das Problem liegt darin, wenn sich politische Korrektheit mit dem Narrativ des ‚victim chic'[130] ineinander verschränkt und zu einer reinen Sprachkontrolle mutiert.

Aus einer höheren Perspektive ist es aber genau diese Sprachkontrolle, die ja nur zu sehr an Orwells Neusprech erinnert, die, von Evolution geführt, den Selbstreflexionsdruck des Individuums notwendigerweise erhöht. Sowohl die positiven als auch die ‚pathologischen' Aspekte der politischen Korrektheit führen zum Ausbau der evolutio-

130. Vgl. Stephen B. Karpman, *A Game Free Life: The definitive book on the Drama Triangle and Compassion Triangle*, 2014

nären Distanz zwischen höheren Perspektiven und der Bewusstheit über archaischere Impulse, Gefühle, Gedanken und selbst Sprache. Sobald wir unsere Sprachgewohnheiten betrachten müssen, müssen wir uns selbst betrachten, und es ist leicht, die exponentielle Kurve zu beobachten, in der diese von der Kultur und Evolution erzeugte Selbstbeobachtung in den letzten Jahrzehnten zugenommen hat. Die Evolution hat im Verlaufe der vielen Tausend Jahre immer weiter dazu geführt, dass wir uns selbst bewusster wurden und unser Verhalten unter neuen Bedingungen der sozialen Nische anpassen. Man denke nur an die weitere postmoderne psychologische Affirmation ‚Verlasse Deine Komfortzone und strebe neue Horizonte an' und versuche sie auf einen Städter des 16. Jahrhunderts anzuwenden; auch muss man sich fragen, ob eine mittelalterliche Magd den patriarchal herablassenden Klaps auf den Hintern auf ähnliche Weise mit psychischen Schäden davontrug wie heute Belästigte, die darin eine weitere Ursache für eine Psychotherapie begreifen; die Evolution hat im Laufe der letzten Jahrhunderte zu einer psychischen Selbst-Empfindsamkeit geführt, die selbst nur durch ein evolutionäres Ansteigen der Bewusstheit über die klimatischen Verhältnisse der Psyche zu erklären sind. Derzeit befinden wir uns kulturell und zeitgeistmäßig dort, die feine Linie zwischen tatsächlicher Fremd- und Selbstverletzung herauszufinden, die dadurch bedingt wird, dass wir unsere Narrative, Perspektiven und Beobachtungen auf bestimmte Ereignisse eben letztlich selbst wählen.

In diesem Kontext erscheint die NSA-Spähaffäre etwa in einem ganz anderen Lichte, verstärkt sie doch nur den evolutionären Druck, sich selbst immer wieder zu belauschen. Es kommt dabei nicht darauf an, welche Moral wir verwenden oder welche Gesetze wir brechen oder zu brechen vorhaben. Es geht um den sozial aufgebauten Druck, selbst unser elektronisches Verhalten einer steten Revision zu unterziehen. Dass mit diesem durch ‚die Postmoderne' etablierten Reflexionsdruck, das eigene Sein immer wieder zu beobachten, auch eine gesteigerte Unsicherheit einhergeht, ist offensichtlich. Nur durch Unsicherheit können wir neue Beobachtungsschemata bilden. Dass sich immer mehr junge Frauen im postmodernen Wendekreis sich dagegen entscheiden, Kinder zu bekommen, lässt sich auch dadurch erklären, dass sie mittlerweile wissen, dass ihre eigenen Perspektiven und Beobachtungen über Wohl und Leid ihres Kindes mitentscheiden. Das pädagogische Narrativ: ‚Eltern formen die Neurosen der Kinder mit', wird hier zu einer Angstvoraussetzung, die tief ins fürsorgliche Selbstverständnis der Mutter miteingesunken ist. Sie muss dann nämlich nicht nur Sorge für das Kind tragen, sie muss auch Verantwortung für ihr eigenes Denken, ihre eigenen Interpretationen tragen, denn die Mutter weiß, dass das Kind auch all ihre Fehler mittragen und Charakterschwächen spiegeln wird. Wo endet dann Fürsorglichkeit, wo beginnt erdrückende Fürsorglichkeit, wann genau wird man zu jenen ‚helicopter-parents', die die Kinder nicht mehr ohne Schutzvorrichtung zum Spielen gehen lassen können? Diese doppelte Reflexion erzeugt notwendigerweise eine existenzielle Unsicherheit, und auch hier kann man nur über das Design der Evolution staunen, wie sie uns postmoderne Menschen einerseits dazu motiviert, höhere (Selbst-) Bewusstheit und höhere moralische Klarheit zu erzeugen, während sie im gleichen Zuge eine zunehmend und gleichermaßen gesteigerte sexualisierte globale *Awareness* mitliefert, die sicherstellt, dass wir uns – banal gesagt – trotzdem paaren. Nichts anderes ist der von den Medien selbst so gescholtene, pluralistische Hipster: Kulturelles Relativitätsbewusstsein einerseits und egotistischer *Sexdrive* andererseits.

Reflexionsdruck ist dabei immer auch der Druck, Bekanntes und Unbekanntes zu antizipieren und vor allem zu integrieren. Und je mehr Reflexion, desto unsicherer und relativer wirken das Leben und seine Möglichkeiten. Wir können diese Unsicherheit letztlich nur lösen, wenn wir ein Narrativ wählen, uns der performatistischen Handlung zuwenden und wieder in die Bestimmtheit gehen. In keinem Fall aber können wir der existenziellen Spannung aus Beobachten und Handeln entfliehen. Wir müssen handeln, wir müssen beobachten, sei es unser Handlung, sei es den Akt des Beobachtens selbst. Sobald wir aber unseren Reflexionsdruck reflektieren, müssen wir ein Narrativ wählen, um unser Fortwirken, weiteres Handeln und Beobachten zu bestimmen.

Diese Fähigkeit, den Druck, Bekanntes und Unbekanntes zu antizipieren und zu integrieren, ist von ihrer Natur her aber immer Liebe. Ich spreche hier von Liebe also nicht als romantischem Gefühl, sondern als Akt des Umschließens und Integrierens. Wir sind letztlich immer gezwungen, als Menschen von unserer eigenen Schöpfung zurückzutreten, diese zu beobachten und in Liebe anzunehmen. Man könnte sagen: Dies ist der Sinn unserer

Existenz. Wir schöpfen unsere subjektiven und intersubjektiven Wirklichkeiten mehr oder weniger bewusst durch die Wahl unserer Narrative und durch Thymos, unseren Willen. Dann stehen wir unserer Welt gegenüber. Uns bleibt nichts, als diese Schöpfung anzunehmen, sei es im Großen: Wir sind für Klimawandel, Armut, Völkermord verantwortlich, für Religion und die durch Religion verursachten Krisen, wir sind verantwortlich für die sozialen Welten, in denen wir uns bewegen – und im Kleinen: Wir sind selbst für die alltäglichen Konflikte verantwortlich, die Ehekrisen, die Probleme bei der Arbeit und der Erziehung. Wir können uns nicht vor der eigenen Schöpfung zurückziehen. Wir können sie nur annehmen – lieben – und verändern, wieder ins Thymos gehen. Gerade weil dies unmöglich umzusetzen ist, gerade weil die Komplexität der Welt unser Fassungsvermögen übersteigt, gerade obwohl wir eben de facto für gewisse Ungerechtigkeiten der Welt eben nicht verantwortlich sind, bildet sich hier ein weiteres Spannungsfeld, welches uns zwingt, selbstverantwortlich und feinfühlig mit Narrativ, Wille und Liebe, aber auch mit den Wirklichkeiten umzugehen, in denen wir uns bewegen. Wir können nur narrativ verantwortlich wollen, wenn wir den Willen anderer als gleichwertig zu unserem zu akzeptieren lernen.[131] Sobald wir unseren Willen oder unsere Narrationen über die von Anderen stellen, sind Konflikte vorprogrammiert. Liebe erscheint hier als die Fähigkeit, das Unerwartete, das Andere zu integrieren.

Was es heißt, die den eigenen Narrativen, Perspektiven und Beobachtungen zuwiderlaufenden Narrative beobach-

131. Vgl. Francis Fukuyama, *Das Ende der Geschichte*, 1992.

ten und annehmen zu können und auf diese Weise den Samen der Liebe zu pflanzen, möchte ich an einem Beispiel darstellen, dass wie kein anderes im westlichen Kulturkreis immer wieder das Scheitern der Liebe demonstriert, nämlich die monogame Ehe. Abgesehen von allen romantischen, ja gefühlsmäßigen Aspekten der Liebe, ist es ja gerade das Andersartige, durch das wir zum anderen kommen und aus der Einsamkeit heraustreten. Um zu lieben, muss man das Andersartige erkennen und integrieren können; doch was zunächst der Körper mit seinen Hormonen[132] selbst regelt, wird nach bestimmter Zeit zu einer bewussten Aufgabe. Liebe beginnt bekanntlich da, wo die erste, durch Hormone gesteuerte Verliebtheitsphase endet und wo die Fähigkeit, jetzt bewusst das Andersartige zu integrieren, auf den Prüfstand gestellt wird.

Nun leben wir alle in einer Welt, in der die dominante romantische Lebensform der Liebesbeziehung eben die nominelle Monogamie ist, wenn Monogamie meint: Ein Lebenspartner, bis dass der Tod uns scheidet – und nominell, da es sozial immer seltener wird, dass dieses Ideal strikt umgesetzt wird. Die Illusion der Monogamie wurde längst entlarvt. Die Geschichte der Ehe selbst ist umfangreich und farbenfroh, und wir wollen uns hier auf ein paar Bemerkungen beschränken. Obschon die ersten eheähnlichen Verbindungen bereits im alten Babylon geschlossen wurden (als strikte, wirtschaftliche Güterverträge), war es

132. Z. B. Oxitocin, welches bekanntlich alles rosa-rot färbt, die rationalen, kritikfähigen Zentren des Gehirns blockiert und somit soziale Bindungsmechanismen ermöglicht. Siehe Dr. Tobias Esch: Die Neurobiologie der Liebe, in *Was ist Liebe – eine integrale Anthologie*, 2011

vor allem das Mittelalter, das die Ehe förderte und durchsetzte und Konkubinate ab dem 13. Jahrhundert verbot. Durch die Kirche wurde damit ein Überwachungsorgan geschaffen, um Verhalten und Sexualität der Menschen zu kontrollieren und zu reglementieren.[133] In der Aufklärung des 18. Jahrhunderts setzte sich daher bald die Konzeption der Vernunftehe durch, die sich frei von Leidenschaft auf der Tugendhaftigkeit des Menschen gründete. Das führt etwa im viktorianischen England des 19.Jahrhunderts dazu, dass Ehefrauen als christliche, puritanische und sexlose Engel betrachtet wurden, während zur selben Zeit die Prostitution ungeahnte Ausmaße annahm. Allein in London sollen es um die 80.000 Prostituierte gewesen sein, schrieb Arthur Schopenhauer,[134] wobei diese Frauen nicht selten jünger als 14 Jahre alt waren.

„Die Ehe“, schrieb Schopenhauers Zeitgenosse Friedrich Wilhelm Hegel jedenfalls, „ist wesentlich Monogamie, weil die Persönlichkeit, die unmittelbar ausschließende Einzelheit es ist, welche sich in dies Verhältnis legt und hingibt, dessen Wahrheit und Innigkeit (die subjektive Form der Substanzialität) somit nur aus der gegenseitigen ungeteilten Hingebung dieser Persönlichkeit hervorgeht; diese kommt zu ihrem Rechte, im Anderen ihrer selbst bewusst zu sein, nur insofern das Andere, d.i. als atomare Einzelheit in dieser Identität ist.“[135] Tatsächlich nutzt Hegel hier ein Narrativ, was gar bis auf Platon und seine Idee vom Kugelmenschen und die Diskussion über Eros in seinem

133. Schröder/Vettel, *Polyamory - eine Erinnerung*, 2010
134. GW Bd. 2.2.
135. Hegel, *Grundlinien der Philosophie des Rechts*, § 167, 1970, S 313)

Symposium zurückgeht,[136] das besagt, dass wir nur in der ausschließlichen Zweisamkeit zur Einheit kommen können.

Nun zeigen uns heutige Scheidungsraten und Konzepte wie die serielle Monogamie[137] dass das kirchliche Diktum ‚bis dass der Tod euch scheidet' an gesellschaftlicher Relevanz verloren hat, allen Endorphinen, Hormonen und gutem Glauben zum Trotz. Wer sich heute, bewusst oder unbewusst, für die Monogamie entscheidet, entscheidet sich stets für ein Spannungsfeld zwischen nomineller Forderung nach Ausschließlichkeit und der Realität der Triebe (d. h. dem neurologisch fest verdrahteten sexuellen Appetit auf Neues) und den Versuch, irgendwo in dem Spannungsfeld zwischen den zwei Extremen – vollkommene Treue und Promiskuität – seinen eigenen Platz zu finden. Und dies impliziert, in der Ehe nun nicht nur seinen eigenen Platz, sondern auch eine Möglichkeit zu finden, mit dem Lebensentwurf des Partners und seiner Spannungsbewältigung zurechtzukommen, und damit schließlich auch mit der Eifersucht, dem emotionalen Klemm- und Domestikationswerkzeug der Monogamie. Und wie viele Beziehung sind schon an der Eifersucht gescheitert, nämlich daran, das der Partner oder die Partnerin die eigenen Liebes- oder Sexerwartungen oder dem Lebensentwurf nicht erfüllt, die also am Entweder-oder-Denken zugrunde geht! Dass dem

136. Wobei man bedenken muss, dass etwa in der homerischen Lebenswelt noch keine ehelichen Verbindungen gab und die Sexualität eher ‚liberal' eingestuft wird; Vgl. Schroedter/Vetter 2010

137. Also die gesellschaftliche Konzeption und Erlaubnis, nach der alles andere ausschließenden Ehe eine neue Ehe einzugehen, bis dass der Tod euch scheidet, nach dem Motto: Nach der Ehe ist vor der Ehe.

nicht nur der Zweifel am anderen, sondern auch und vor allem an der eigenen Liebesfähigkeit zugrunde liegt, wusste nicht nur Balzac, als er schrieb, „Eifersüchtig sein heißt nicht an seiner Frau, sondern an sich selbst zweifeln", sondern ist aus psychologischer Hinsicht längst bekannte Sache. Denn heißt Liebe nicht auch, das Andere, das Widersprechende lieben und umarmen zu können? Dass dies in der Praxis sehr viel schwerer ist als in der Theorie, zeigt auf unsere eigene narrative Konstitution. Wer sich heute für die Monogamie entscheidet, entscheidet sich damit für ein bestimmtes Narrativ, und damit auch bestimmte Problemstellungen.

Die evolutionäre Psychologie und Anthropologie geht heute davon aus, dass die Monogamie mit all ihren Werten tatsächlich eine soziale Konstruktion und keine menschliche *Universalie* ist, wie über viele Jahrhunderte in unserem westlichen Kulturkreis angenommen. Oder mit unseren Worten: Monogamie ist eine Narration, die keine wirkliche Grundlage hat. Ich sage westlichen Kulturkreis, denn wie wir heute wissen, ist die Monogamie global-historisch gesehen eher eine Randerscheinung;[138] viele indigene Völker haben und hatten nicht nur kein Verständnis der Monogamie, sondern präferieren z.B. multisexuelle Gruppenstrukturen, in denen – ihrem Verständnis nach – nicht nur viele Männer für die Zeugung der Kinder verantwortlich sind, sondern auch der ganze Stamm für die Aufzucht verantwortlich ist. Selbst im Amerika des 17. und 18. Jahrhunderts war die sexuell ausschließliche Monogamie eher eine Randerscheinung: Männer und Frauen aller Rassen

138. Vgl. Christopher Ryan, *Sex at Dawn*, 2011

und Farben trafen sich in den berüchtigten *Negro Houses* für sexuelle Begegnungen; Piraten erfreuten sich aneinander, Ehen wurde ebenso leicht geschlossen und wie beendet.[139] Dies wurde freilich durch die puritanische Bewegung und die Gründerväter zunichte gemacht, was zu dem sexuell verklemmten Amerika führte, was wir heute kennen.

Dabei sind die eigentlichen Narrative, dass nur Mann und Frau sich in kugelmenschartiger Manier ergänzen und im Rahmen der sexuellen Selektion die jeweilig besten Partner wählen mittlerweile so wissenschaftlich gültig wie die Geschichte von Adam und Eva. In vielerlei Hinsicht ist die Theorie der sexuellen Selektion eine Wiedererzählung des christlichen Mythos mit wissenschaftlichen Begriffen. Worum es bei diesem Narrativ der Monogamie ging, war *Grenzsetzung*, nämlich die eigentlich arbiträre Setzung der Zweisamkeit als etwas Gegebenes unter Ausgrenzung vieler anderer Beziehungsmöglichkeiten zu etablieren. Es ist in diesem Zusammenhang interessant zu beobachten, wie selektiv die evolutionäre Psychologie dabei in ihren Kinderschuhen vorging. Auf der Suche nach Universalien im menschlichen *Verhalten* beobachteten die Anthropologen im 19. Jahrhundert vor allem unsere genetisch nächsten Verwandten – Schimpansen, Bonobos und Gorillas – um etwa unser zum Teil aggressives Gruppen-, Status-, aber auch Sexualverhalten zu erklären. Weil es aber nicht zur Ideologie des puritanischen Englands passte, die hypersexuellen Verhaltensweisen der Bonobos und Schimpansen als Grundlage für menschliches Verhalten anzusehen, wurde nun zur Erklärung des menschlichen Sexualverhal-

139. Vgl Thaddeus Russell, a. a. O..

tens das Verhalten des uns genetisch viel weiter entfernten Gibbons herangezogen, des einzigen Affen, der tatsächlich quasi-monogam lebt. Es ist ein klassisches Beispiel dafür, wie der Zeitgeist die wissenschaftliche Forschung beeinflusst hat, und erst in den letzten Jahren hat hier ein tatsächlicher Paradigmenwechsel in der evolutionären Psychologie stattgefunden. Tatsächlich gleichen wir in unseren sexuellen Verhaltensweisen eher den Bonobos. Die Implikationen für unsere Beziehungsmoral und Narrative sind freilich gravierend.

Mit der postmodernen Weltsicht veränderten sich die Paradigmen und Narrative der Beobachtung. In diesem globalen Zeitalter können wir nicht mehr von menschlichen Universalien sprechen, wenn ein Gros der Kulturen menschliche Liebesbeziehungen anders handhabt als unser westlicher Kulturkreis. Serielle Monogamie und Fremdgehen wurden zu etwas, das man nicht nur heimlich tat, sondern das wie auch immer in Beziehungen integriert werden konnte. Polyamouröse Beziehungsstrukturen – also Beziehungen zwischen mehreren Menschen und in sozialen Netzwerken, die gleichermaßen auf Liebe, Intimität und Sexualität basieren – finden wir hier immer öfter. Bürgerliche Beziehungsstrukturen werden infrage gestellt, und damit interessanterweise ganz bewusst auch die Narrative bürgerlicher Beziehungsformen. Wie so ein Narrativ wie das der polyamorischen Beziehungsstrukturen – ‚ich kann mehr als eine Person lieben' – mit anderen Narrativen verknüpft ist, zeigen viele Fallbeispiele. Gesa Mayer etwa zeigte,[140] mit welchen bürgerlichen Narrativen sich polyamor lebende Menschen häufig auseinandersetzen müssen.

Hier sehen sich die Menschen wiederholt den impliziten Vorwürfen ausgesetzt: „Wird nichtmonogames Begehren als *Effekt* eines vorgängigen Mangels verstanden, könnte die obige Äußerung in etwa übersetzt werden als: Weil es in deiner einen Beziehung bereits an Liebe fehlte, hast du ersatzweise Interesse an einem Zweiten entwickelt. Oder: Da du nicht fähig bist, einen Menschen wahrhaftig und vollständig zu lieben, hast du Interesse an einem Zweiten. Oder auch: Dein Freund scheint ja nicht besonders liebenswert zu sein, wenn du noch an einem Zweiten Interesse hast. Wird nichtmonogames Begehren dagegen als *Ursache* eines Mangels interpretiert, stände das Eingangszitat für Folgerungen wie: Wenn du noch an einem Zweiten Interesse hast, dann führt das dazu, dass es in deiner anderen Beziehung an Liebe fehlt. Oder: Wenn du noch an einem Zweiten Interesse hast, dann entziehst und vorenthältst du einem oder jedem Partner einen Teil deiner Liebe."[141]

Wie man sich aber entscheidet, welches Narrativ man für seinen Alltag und seinen Lebensentwurf übernimmt, so ist es gut zu wissen, dass sowohl Monogamie als auch etwa Polyamorie arbiträre Narrative sind, die nicht wahrer oder unwahrer sind als alles andere auch. Jedes bringt eigene Weltbeschreibungen mit sich und eigene Problemstrukturen, die aufgrund der ihnen innewohnenden Spannungsfelder entstehen. Die Freiheit liegt darin, sich bewusst für das

140. Gesa Mayer, Poly werden oder: Warum es dem Begehren an nichts mangelt in: Journal für Psychologie. Jg 22, Ausgabe 1

141.http://www.journal-fuer-psychologie.de/index.php/jfp/article/view/322/353

eine oder andere Narrativ entscheiden zu können, während man gleichzeitig weiß, dass man es auch anders hätte tun können. Wir sehen hier aber deutlich, wie sehr der Zeitgeist und die gesellschaftlichen Werte, Themen und Ansichten, wissenschaftliche Forschung und individuelle Erfahrung unmittelbar zusammenhängen und sich bedingen. Eifersucht ist eine Konsequenz des monogamen Narrativs, und etwas, was für viele Menschen der Grund ist, sich mit alternativen Beziehungsstrukturen auseinanderzusetzen und die Bedingungen und Möglichkeiten der Liebe zu erweitern.

Erzeuge narratives Bewusstsein

Sprechen wir über Narrative, wird klar, dass wir nicht darüber sprechen können, ohne selbst Narrative zu gebrauchen. Wir erzählen die Geschichte des Narrativs nicht nur als Weise der Weltgestaltung, sondern als Ausdruck eines wachen Bewusstseinszustandes, der diese tiefliegenden Prinzipien der subjektiven und intersubjektiven Weltkonstruktion erkannt hat und tatsächlich anwenden kann. Ein narratives Bewusstsein ist es, welches in dieser Hinsicht fähig ist, sowohl tief in die archaisch-mythischen Grundstrukturen abzutauchen um die narrativen Muster aus dem Strom des Geistes zu erkennen und emporzuheben, und gleichermaßen fähig ist, globalere, umfassendere – aber auch ethischere – Perspektiven einnehmen zu können: Durch welche Erzählungen gestalte ich meine Innen- und Umwelt, und welche Erzählungen sind zum Wohle von Allen? Wir wissen heute, dass die Erzählungen der Vormoderne, Moderne und Postmoderne an sich nicht für alle Gültigkeit haben und zu den politischen Konflikten und ökologischen wie ökonomischen Problemen führt, denen wir heute als globale Kultur gegenüberstehen. Und wir selbst sind zu einem Großteil blind den narrativen Tiefenstrukturen unseres Geistes ausgesetzt, durch die wir zu Meinungen und Glaubenssätzen, Vorbehalten und Ansichten, Lebensentwürfen, Philosophien und gar Kosmologien kommen.

99,9 % unsere Verhaltensweisen im Maschinenraum des Geistes seien unbewusste Wiederholungen, argumentiert der Philosoph Peter Sloterdijk,[142] und doch sind da eben auch diese 0,1 % Möglichkeit, wo in aller Unwahrscheinlichkeit eine Nische entsteht, in der plötzlich Emergenz und Neuordnung möglich sind. Hier entsteht plötzlich, aus einer Kakophonie von neuronalen und narrativen Impulsen, ein konkreter Handlungsspielraum; hier entsteht aus einem Meer von Narrativen, die in sich verwoben sind und sich gegenseitig ergänzen, die Möglichkeit, eine Meta-Narration, ein Bewusstsein über Narration, ein narratives Bewusstsein zu erzeugen, durch welches wir sowohl die alten Muster und Geschichten wiederholen können und als auch in buddhistischer Hinsicht zeugengleiches Bewusstsein formen können, das über den weiteren Verlauf der Dinge selbst entscheiden kann, wenn es will. Tiefenbeugung und Höherstreckung des Geistes, so hatten wir gesehen, erzeugen hier einen vollkommenen Tanz auf dem Spektrum der Wirklichkeiten. Seine eigenen Narrative – mit anderen Worten – selbst steuern zu können, verstehe ich hier als eine Eigenschaft eines postpostmodernen Bewusstseins, eines Bewusstseins, welches sich nicht nur der postmodernen Kontingenz von Narration und narrativer Weltkonstruktion bewusst ist, sondern, in einem *performatistischen* Sinne, den Wiedereintritt in die Konkretion und Bedeutung durch willkürliche Sinnsetzung und Wahl von Narrativen vornehmen kann.

Es muss hier in diesem Zusammenhang erneut ein Wort zu Psyche und Bewusstsein im Allgemeinen verloren werden. Denn obwohl wir unzählige Modelle und Theorien über selbige verfügen – oder vielleicht deshalb – wissen wir

142. Vgl. Peter Sloterdijk, *Du musst Dein Leben ändern*, 2009

nicht genau, um was es sich bei Psyche oder Bewusstsein tatsächlich handelt. Sie ist bekanntlich nicht vermessbar und scheint sich auf seltsame Weise den Beschreibungen anzupassen, die wir von ihr anfertigen. Wir wissen nicht, wie sie mit der neuronalen Gehirnaktivität interagiert, oder mit der physischen Welt im Allgemeinen; wir wissen nicht, inwieweit sie mit der Textur des Kosmos verwoben ist. Wir wissen nichts über ihre Gestalt, ihren Ursprung oder ihr Ende, nichts über ihr Substrat … denn woraus besteht eigentlich eine Psyche? Ja, wir wissen noch nicht einmal, *wo* genau eigentlich Psyche ist, obwohl wir *jeden* Moment unseres Lebens mit ihr leben, denn Lokalität selbst ist eine Begrifflichkeit der Psyche; es entzieht sich uns ihr Wesen … vielleicht, gerade weil wir sie nicht von außen beobachten können, weil wir sie sind, weil wir selbst reifen und wachsen müssen und an die Konzepte und Schemata gebunden sind, die wir im Laufe unserer Entwicklung ausgeformt haben.

Wir hatten zu Beginn dieses Buches festgehalten, dass uns, sofern wir versuchen, Psyche und Bewusstsein zu beobachten und irgendwie sprachlich zu erfassen, Syntax und Semantik dazu verführen, ihnen Eigenschaften zu unterstellen, die per se so nicht da sind oder zwangsläufig so sein müssen. Wenn wir etwa aus linguistischer Notwendigkeit von ‚der' Psyche sprechen, so erzwingt das notwendigerweise die Idee, ‚sie' wäre ein klar abgrenzbares Ding, eine singuläre Einheit, die sogar über irgendwelche ‚weiblichen' Aspekte verfügt. All dies muss nicht sein. Tatsächlich wirkt es so, dass wir als Beobachter zu einem guten Teil dazu mitverantwortlich sind, welche Form die Psyche einnimmt, je nachdem, wie wir sie beschreiben und welche Narrative wir wählen.

Beschreiben wir etwa Psyche in Form von strukturellen Begriffen, wie etwa Entwicklungsstufen, so scheint sie über Strukturen zu verfügen, so scheinen wir auch subjektiv Strukturen zu erfahren. Wir weisen dann diesen Stufen Eigenschaften zu, die im Alltag dann, je nach Situation, bei uns beobachtbar sind. Beschreiben wir Psyche aber eher prozessual, wie wir es zuweilen mit dem Bewusstsein als *stream of consciousness* tun, so scheint sich ad hoc auch unsere Wahrnehmung zu verändern, scheint fließender zu werden und offener. Wir können Psyche (und Bewusstsein) auch durch das Konzept der Attraktoren beschreiben,[143] die sowohl einen stationären als auch einen prozessualen Aspekt in sich tragen. Solche Attraktoren rufen das Bild eines Strudels hervor, in dem alle Beobachtungen, Werte, Weltsichten um einen Schwerpunkt zirkulieren. Gerade bei der strukturellen Beschreibung von ‚Zuständen', die wir erleben, ist ein solches ergänzendes Bild recht hilfreich, denn wir können von einem Zustand und Attraktor in einen anderen springen, seien es Attraktoren wie schlafen oder wachen, seien es Stimmungen oder emotionale Zustände, die sich von einem Moment auf den anderen ändern können, die aber, solang sie ‚da' sind, alles in ihren Bann ziehen. Was aber diese Zustände oder Attraktoren wirklich sind, wie sie zur Gesamtheit psychischen Erlebens führen, durch was sie zustande kommen, und ‚wo' genau das Epizentrum psychischen Erlebens ist – es kann ja nicht ‚im' Gehirn sein – all dies sind vollkommen ungeklärte Fra-

143. Vgl. Allan Combs, a.a.O.

gen. Wir können, um es so zu sagen, Psyche und auch Bewusstsein selbst nicht ohne Schemas oder Narrative beobachten und beschreiben, und dieser Aspekt prinzipieller Formbarkeit mag eine der wichtigsten Eigenschaften der Psyche selbst sein. Es kann durchaus sein, – und einiges spricht dafür – dass Psyche und Bewusstsein in viel intimerer Weise von dem Beobachter, der Teil von ihr ist, abhängen als angenommen, das unser ‚Bild' der Psyche mit unserem Verständnis von ihr reifen wird und das es Psyche ‚per se' nicht gibt, sondern stets das ist, was der Beobachter von ihr beobachten kann. Freilich muss man gewisse Formbildungsprozesse unterstellen, die überhaupt zum psychischen Beobachter und der Entwicklung der Psyche führen. Doch welche Prozesse genau beim Kleinkind dazu führen, dass die Psyche nach und nach ihre Repräsentation der Wirklichkeit aufbaut, oder durch welche Elemente oder was auch immer überhaupt solche Prozesse entstehen, ist vollkommen unklar. Auch ist vollkommen unklar, wer oder was genau der Beobachter ist, von dem wir oben sprechen, denn es sind ja wir, die wir im Prozess des Beobachtens Formen unterscheiden und bezeichnen. Dass wir hier nicht die Pandorabüchse der Dekonstruktion vollkommen aufreißen wollen, um nicht in dem unendlichen Regress[144] der Fragen verloren zu gehen – Was ist ein Prozess? Was ist eine Form? Wie kommen wir überhaupt dazu, etwas unterscheiden und bezeichnen zu können? etc. –

144. In der Philosophie ist der unendliche Regress der zweite der fünf Tropen Agrippas und eine der drei unerwünschten Alternativen das Münchhausen-Trilemmas und meint, jede Begründung muss wiederum begründet werden, ohne dass diese Folge jemals zu einem Ende kommt.

liegt auf der Hand. Dass wir aber viel weniger über die Psyche wissen, als wir gemeinhin annehmen, ebenso.

Aus all dem Gesagten sollte klar geworden sein, dass es kein narratives Bewusstsein gibt; es ist ein nominalisierter Begriff. Aber wir können eine narrative Performanz erzeugen, indem wir eine Bewusstheit, eine evolutionäre Distanz gegenüber den narrativen Formgebungsprozessen der Psyche aufbauen. Wir können so ein Bewusstsein über die Narration selbst erzeugen, durch Injunktion und Deskription selbst. So ein narratives Bewusstsein ist dann selbst eine Attraktor-ähnliche Form, die in dem Spannungsfeld von Bewusstsein und Psyche selbst besteht. Verändern wir unsere Narrative, verändern wir notwendigerweise unsere Beobachtungen von Welt und Bewusstsein. Indem wir narratives Bewusstsein bezeugen, bauen wir eine evolutionäre Distanz zu diesem Phänomenbereich unserer Psyche auf.

Die Frage nach dem Wozu des Ganzen des narrativen Bewusstseins erübrigt sich demgemäß. Im Laufe der psychologischen und kulturellen Evolution hat sich die evolutionäre Distanz zwischen höheren und umfassenderen Perspektiven einerseits und dessen, was eigentlich durch die neuen Perspektiven umfassender beobachtet wurde andererseits, erweitert. Aus Geistern und Dämonen wurden psychische Programme und Prozesse, aus Gottes Plänen wurden menschliche Narrationen, aus modernen Fakten wurden postmoderne Konstruktionen. Tiefenbeugung heißt immer, die konstruktivistischen und formbildenen Aspekte des Geistes durch umfassendere Perspektiven selbst aufdecken zu können,[145] und drücken sie sich intersubjektiv als Archetypen, Mythen, Skripts, Urszenen, Theorien, Paradigmen oder Zeitgeist aus. Mehr noch: Tiefenbeugung heißt, sich darüber bewusst zu werden, wie genau Psyche und Intersubjektives selbst ihre respektiven Wirklichkeiten erzeugen.

Narratives Bewusstsein impliziert in diesem Kontext, über die narrative Grundbildung unserer Weltformung Bewusstsein zu erlangen und ethisch anwenden zu können. Es stellt sich daher in einer radikalen Abkehr von persönlicher Meinung und Glaubenssätzen dar sowie bestimmter Kosmologien oder Weltentwürfe, die ihrerseits auf bestimmten Narrativen beruhen. Dies muss als die ethische Implikation des narrativen Bewusstseins gewertet werden.

Mit dieser radikalen Abkehr von persönlicher Bindung an bestimmte Narrative und Narrationen geht zum einen ein radikales, intimes und inneres Verständnis der Narrative anderer Menschen oder Gruppen einher, die aufgrund dessen nicht mehr nur einfach abgelehnt werden können, dass sie nicht mehr als anders empfunden werden können; Andersartigkeit oder Fremdheit kommt ja nur durch eine Grenze und Differenzierung zu dem vermeintlich Eigenen oder Bekannten zustande. Hier, in diesem radikalen Ver-

145. Wie Merlin Donald zeigte, sind Narrative insofern die Antriebskraft für die menschliche Entwicklung. Er schreibt: „Der Mythos ist das prototypische, fundamentale, integrative Geisteswerkzeug. Er versucht eine Vielzahl von Ereignissen in einem zeitlichen Rahmen zu integrieren, und ist an sich ein Werkzeug, dessen primäre Ebene der Repräsentation thematisch ist. Die Vorherrschaft von Mythen in den frühen menschlichen Gesellschaften ist der Beweis, dass Menschen Sprache nutzen für eine vollkommen neue Weise integrativen Denkens. Daher scheint es so zu sein, dass die primäre Menschliche Adaption nicht Sprache an sich war, sondern eher das ursprüngliche, integrative mythische Denken.“ Merlin Donald, *Origins oft he modern Mind*, 1991, 215

ständnis von Narrativ und Narration, finden wir die Wurzel der Liebe.

Jedes Narrativ liegt darüber hinaus, wie wir sahen, am Rand des Nichts und ist ein Versuch, einen Weltentwurf in die Verwirklichung zu bringen. Narrative verfügen über keine Letztbegründung, sondern sind nur willkürliche Lichtungen und Versuche im dunklen Raum. Unabhängig von ethischen Implikationen sind Narrative und Narrationen daher systemisch betrachtet gleichwertig. Freilich kann und darf man die ethischen Dimensionen der Narrative und Narrationen – für wen ist was gültig? – nicht ausgrenzen. Doch zeigt gerade ein narratives Bewusstsein auf die Fähigkeit, Narrative und Narrationen auf ihren moralischen Gehalt und vor allem ohne persönliche Idiosynkrasien oder Vorlieben zu überprüfen.

Zum anderen geht mit dieser radikalen Abkehr von innerer Bindung an bestimmte Narrative und Narrationen eine explizite, subjektive, narrative Freiheit einher, und damit die Fähigkeit, tatsächlich frei bestimmte Welten und Weltentwürfe formen zu können. Wir nennen diesen postpostmodernen (und handlungsbezogenen) Aspekt des narrativen Bewusstseins hier *téchne*, also sowohl Technik als auch Lebenskunst – also narrativ geführten Willen auf die Alltagswirklichkeit angewendet.

Wie können wir uns so einer *téchne* aus narrativer Hinsicht hier nähern? *Téchne* beginnt im Prinzip dort, wo die gewöhnliche Geschichtsschreibung endet. Vergegenwärtigen wir uns: Was passiert, wenn der Held erfolgreich nach Hause kommt, was, wenn die Liebenden sich gefunden haben, was geschieht, wenn der böse König gefallen und die böse Königin verbannt wurde? Der Held, er mag nach seiner Rückkehr noch siebzig Jahre leben, doch womit füllt er sein Leben? Welche Abenteuer ist er noch bereit, zu erleben? Oder beschränkt er sich darauf, seine Heldenreise wieder und immer wieder am Stammtisch zu erzählen? Ist er womöglich bereit, zu neuen Ufern aufzubrechen, oder wäre dies nur die Wiederholung der einen Geschichte, die er schon erlebt hat? Könnte er – wie uns die Filmindustrie glauben machen möchte – dasselbe noch einmal durcherleben, in sanfter Vergesslichkeit, all die Proben und Anforderungen schon einmal gemeistert zu haben und so tun, als kämen sie das erste Mal auf ihn zu, ja als hätte er beim ersten Mal nichts gelernt? Müssen wir nicht annehmen, ein Sisyphus oder ein John McClane muss in Wirklichkeit ein pathologischer Charakter sein, tatsächlich lebensunfähig, weil er unfähig ist zu lernen? Oder kommt genau hier ein Wesenszug des Menschen zum Ausdruck, heimlich und implizit, nämlich dass wir, um unsere Lebenszeit notwendigerweise zu strukturieren – und strukturieren müssen wir sie – auf das zurückgreifen müssen, was wir kennen, auch wenn wir uns in ewigen Wiederholungen desselben ergehen müssen. Und haben wir nicht hier die Möglichkeit, einen Neuanfang zu finden? *Téchne* als Kunst, Technik und Lebenskunst beginnt dort, wo unsere konditionierte und sozial tradierte Geschichte endet und wir die Verantwortung für unsere eigene narrative Konstruktion übernehmen. ‚Tritt aus Deiner narrativer Unmündigkeit!', könnte man mit Kant sprechen.

Letztlich, und diese Einsicht mag schockieren, gibt es nur eine endliche Menge von Geschichten, Erzählungen und

Narrativen. Dramen und Schicksale wiederholen sich, und damit sowohl die Rollen, die wir Menschen in diesen Geschichten einnehmen können als auch die Charaktertypen, durch die wir diese sozialen Rollen glaubhaft machen. Selbst die ursprüngliche Avantgarde ist in ihrem Versuch, sich abzugrenzen und Neues zu tun oder zu erschaffen, zu einem narrativen Modell, ja mittlerweile zu einer selbstironischen Karikatur in Form des Hipsters geworden, die unser Modeverständnis heute prägt. Die Ironie dahinter mag nur demjenigen entgehen, der immer noch glaubt, durch Mode sei Individualität kennzeichenbar. Die Welt der Form ist jedenfalls endlich – dies haben uns die Weisen immer wieder gesagt. Und unsere Arten der Weltbeschreibung ebenso. In einer überbevölkerten Welt, und dies mag eine der Schattenseiten der Globalisierung mit knapp 8 Milliarden Menschen sein, muss das Trugbild der Individualität irgendwie aufrechterhalten werden, um uns gegen den Druck des Gruppenzwanges zu immunisieren. Und weil ‚Individualität' eben nur ein mit einer Perspektive gekoppeltes Narrativ der Gesellschaft selbst ist, wundert es nicht, dass diese 99,9 % unseres Verhaltens eben Wiederholung sind.

Wir haben auch gesehen, dass es – aus kognitiver Sicht – ‚hinter' den Narrativen keine Form oder Instanz gibt, die uns über uns oder die Welt Aufschluss geben könnte. ‚Hinter' den Narrativen – das bedeutet nur, sich dem Raum des Ungeformten zu öffnen, dem Absurden, der Nondualität, dem Nichts. Es ist der reine Raum des Geistes bar jeder Form. Narrative, so sahen wir, liegen so immer in diesem Spannungsfeld zwischen Form und Formlosigkeit, bedingen die Form, zeigen aber in ihrer Erfüllung und Verwirklichung immer wieder auch in Richtung Formlosigkeit. Nur in diesem Spannungsfeld können sie bestehen, nur aus diesem Spannungsfeld gewinnen sie ihre formbildende Kraft. Doch auch nur die Welt der Form kann in und für die Psyche als Differenzwert dienen, und diese ‚Dualität von Form und Formlosigkeit', wie es der Religionsforscher David Loy[146] nannte, sie ist Teil unseres Daseins. Für jeden Tag, den wir in der Form arbeiten, treten wir jede Nacht in die Formlosigkeit des Tiefschlafs ein. Ganz unabhängig von biologischen oder neurologischen Zwängen zum Schlaf zeigt dies aus psychologischer Perspektive ganz besonders auf einen Grundzusammenhang unseres Daseins, dem wir nicht entkommen können. Wir sind als Menschen in diese Dualität Geworfene, und esoterische Pläne, das Eine zugunsten des Anderen vollkommen aufzugeben, müssen zwangsläufig scheitern. Wir müssen, wir können aber auch nicht anders, als immer wieder in die Form zu gehen, ins konkrete Handeln und Arbeiten in der Welt, und wir müssen dieser Welt der Form auch immer wieder entkommen. Sei es durch Schlaf. Sei es durch Drogen. Oder sei es durch Meditation. Und dies führt uns ganz zielorientiert zu einer Lebenskunst, die es vermag, beide Bereiche unseres Daseins zu ehren und zu nutzen.

Und doch müssen wir uns fragen: Wenn Narrative Identität und Weltentwurf erzeugen, Meinungen, Perspektiven, Gefühle und Selbstverständnis, wer oder was ist es denn eigentlich, der hier die Kunst der narrativen Konstruktion – oder simpel gesagt: das narrative Bewusstsein – beobach-

146. Vgl. David Loy, *Nonduality - A Study in comparative philosophy*, 1997

tet? Ist es womöglich jener stumme und wache Zeuge, dessen Auge nicht nur alle Formen unterschiedslos wahrnehmen kann, sondern von dem uns etwa der Buddhismus gekündet hat?

Wir haben gesehen, dass mit bestimmten Narrativen immer bestimmte Welten, Weltentwürfe, Weltanschauungen, aber auch Perspektive, Lebensweisen und eben auch Gedanken und Gefühle einhergehen. Wir finden so in dem Narrativ die Wurzel für unsere Wirklichkeitskonstruktion. Ändern wir das Narrativ, ändern wir unmittelbar unsere Wirklichkeit. Welcher Maßgabe können, und welcher sollen wir in der Konstruktion eben der Wirklichkeit, wer wir selbst sind und wie wir Welt verstehen, folgen? Womöglich vermag es nur die Philosophie, solche Fragen zu klären. Von einem narrativen Standpunkt kann es nur darum gehen, sich frei der Narrative bedienen zu können. Wenn wir dabei an die von Gesellschaft tradierten Muster gebunden sind, impliziert das notwendigerweise Romanze und Komödie, aber auch Drama und Tragödie, und damit das Spektrum der Gefühle und Manöver, die mit diesen Narrationen verbunden sind. Und doch ermöglicht ein narratives Bewusstsein, eben seine Geschichten und konsequenterweise damit auch seine Gedanken, Stimmungen und Gefühle selbst wählen zu können. *Deshalb nenne ich diese techné nach der Postmoderne auch eine fröhliche Lebenskunst.* Denn welche Geschichten hier auch immer gewählt werden, sie werden aufgrund von Freiheit gewählt. Und wenn es ein menschliches Universal geben sollte, dann ist es die innige Verknüpfung von der Erfahrung der Freiheit und der Freude. Wie jeder weiß, der je eine wirklich freie Entscheidung gefällt hat, wird diese von einer geheimen und sublimen inneren Freude begleitet.

Diese *téchne* ist aber auch nicht nur deshalb eine fröhliche Lebenskunst, weil wir uns bemächtigen, unser Sein nach unserem Willen zu gestalten, sondern weil wir uns in diesem Zuge von Konflikten befreien und damit die Schönheit, das Gute und das Wahre in der Welt vermehren. Hier wird das Leben zu einem narrativen Gemälde, dessen Maler wir selbst sind. Dieses Projekt der Selbstgestaltung begann, wie wir sahen, mit der Moderne und dem individualistischen Ausruf: ‚Nicht mehr Gott, sondern ich selbst bin verantwortlich'. Eine narrative Ethik führt diesen Werdegang fort und vertieft unsere Kenntnis der schöpferischen, ja autopoietischen Wesensnatur unseres Selbst und unserer Kultur. Doch wie kommen wir zu so einer Freiheit, im Alltag ungebunden unsere Narrative wählen zu können?

Ich möchte in diesem Zusammenhang die Meditation herausheben als eine Technik, um die kontinuierliche Selbst-Narration, wer wir sind, was wir erlebt haben, und was wir wollen, begehren oder uns wünschen – kurz: als was wir uns Selbst und die Welt beschreiben – einmal zu unterbrechen, um in den formlosen und narrationsfreien Raum des Geistes einzutauchen. Selbst-Narration ist ein wichtiger Teil unseres Seins, ohne sie könnten wir den Alltag und unser Verhalten nicht strukturieren. Doch da diese Selbst-Narration in vielen Fällen nicht affirmativen, sondern destruktiven Charakter hat, ist mit dem Auftauchen der subjektivistischen Haltung der Postmoderne in vielen Menschen das Bedürfnis entstanden, diese Narration zu verändern oder sogar unterbrechen zu können. Meditation impliziert in diesem Zusammenhang also: ‚Unterbrich die Selbst-Narration!'. Dies kann durch konzentrative Verfahren oder Entspannungstechniken geschehen. In jedem Fall aber: Wird die Meditation ‚tiefer' – wird die Konzentration und Entspannung steter und ausgeprägter – kann die Bindung an bestimmte Selbst-Narrative gelöst werden. Je tiefer sie wird, umso mehr treten bestimmte Erfahrungen ins Bewusstsein, die für die Formung der Selbst-Narration in immer tieferen Schichten notwendig sind; immer ältere Erinnerungen und Konflikte treten hervor, können womöglich integriert werden. Doch dies kann nur geschehen, wenn die eigentliche Narration durchbrochen wird, wenn der Proband sich zwingt, nur den einen Gedanken – ein Mantra etwa – zu denken und jeder internen Kommentierung zu entsagen.

Das Bemerkenswerte ist, dass je tiefer die Meditation und die Befreiung von der Selbst-Narration werden, umso mehr können auch die Konzepte abgelegt werden, durch die wir uns im Alltag als der identifizieren, der wir sind. Wir müssen diese Konzepte und Narrative wieder annehmen, wenn wir wieder in den Alltag gehen. Doch für den Moment können wir ablegen, wer wir ‚sind'; welchen Job wir haben, welche Freunde und welche Ziele. Welche körperlichen Beschwerden wir haben und welche Aufgaben auf uns warten. Wir können uns selbst uns den Moment ablegen, das narrative Konstrukt namens ‚Tom Amarque', welches nur eine Zeichenfolge der Selbstidentifikation ist – ein Ich-Selbst, was keine substanzielle Form hat, sondern nur auf eine Reihe von Erfahrungen und Narrativen zeigt.

Doch ‚ich' bin nicht – so lautet dann die meditative Erkenntnis – diese narrativ losgelöste Form. In dem formlosen, narrativ-freien Raum des Geistes, so mag der Proband erkennen, ist ‚Ich' nicht, obwohl ich diesen Raum bezeugen kann. Körper, Gefühle, Emotionen und Gedanken sind verschwunden. Hoffnungen, Wünsche, Begierden und Ziele haben sich aufgelöst. ‚Ich', der hier diese Zeilen gelesen und mit Gedanken und Assoziationen belegt hat, ist dann nicht mehr, und niemals war ‚mir' das Lesen ferner. ‚Ich' bin nicht mehr der, der dies gelesen hat. Auf diese Weise bricht Meditation das Netz der Narration auf und ermöglicht dem Probanden, die Welt zu erfahren. Dass – auf der anderen Seite – Meditation umso schwieriger wird, umso mehr innere Stimmen um ihre Narration kämpfen, darf erwähnt werden.

Wir sind, wie auch immer häufig wieder schon gesagt, in einen narrativen Konstruktionsprozess eingebunden, dem wir weder als Individuum noch als Kultur langfristig entfliehen können. Es gibt aber, wie auch immer kurzfristig, die Möglichkeit, diesem Prozess mehr oder weniger kurzfristig zu entkommen, und dies sind die non-dualen, formlosen Zuständen, wie von den Traditionen und auch der Psychologie klar beschrieben. Hier endet das prozessuale Denken zugunsten eines substanzlosen Zeugens, der der Leere gegenübersteht. Doch sobald das prozesshafte Denken und innere Erleben endet, sobald endet auch die Selbst-Narration.

Wir, die wir nun am Ende dieses Buches angekommen sind, haben nun die Freiheit, uns einer gleichermaßen unangenehmen wie interessanten Tatsache im Alltag zu stellen: Wir alle treten stets aus dem Absurden, drängen es zurück, versuchen Bedeutung zu setzen, wo an sich keine Bedeutung ist. Wir erzeugen Sinn und Welt und Weltentwurf. Jeden Moment aufs Neue. Dieses Heraustreten aus dem Nichts ist, wie wir sahen, immer ein arbiträrer, ein willkürlicher Akt aus dem Unbestimmten in das Bestimmte. Es ist ein absurder Akt. Doch sobald wir das tun, sobald wir einen Handlungskurs und Interpretationskurs wählen, sobald wählen wir auch ein Narrativ, mit dem wir aus dem Nichts in das Sein treten. Dieser Akt ist immer ein Akt des Dafürhaltens, des für-wahr-Nehmens. Indem wir uns für bestimmte Narrative entscheiden, nehmen wir sie für wahr, und dann nehmen wir auch die Konsequenzen wahr. Etwas für wahr nehmen und infolgedessen wahrnehmen – es ist ein Prozess, durch den wir unsere Wirklichkeit erzeugen. Letztlich müssen wir den Wahrheitsgehalt bestimmter Narrative für wahr-nehmen; wir müssen an ihn, mit anderen Worten glauben.

Anders herum: An was immer wir glauben – es wird durch diesen Akt wahr. Entscheiden wir uns für ein archaisches Weltbild und seine Narrative, so wird es wahr, mit allen Aspekten und Eigenschaften, die man gewöhnlich dieser Weltsicht zurechnet – und seinen es archaische Formen der Magie. Treten wir jedoch aus dem Nichts heraus und entscheiden uns für ein traditionelles Weltbild und seine Narrative, so bringen wir tatsächlich Gott in Existenz und setzen die christlichen Regeln und Narrationen ein. Hier brauchen wir Priester und Institutionen, um die heilige Narration von Gott und Gottes Sohn deuten und verbreiten zu können. Wählen wir stattdessen ein modernes

Weltbild, so werden der Urknall, die Macht der vier grundlegenden Kräfte und damit auch die Immunisierungsstrategien der Wissenschaft und die Narrative des Kapitalismus wahr. Die Welt wird zu einer großen und gut geölten Maschine ohne Innenansichten, einer Welt, in der das innere Leid der Andersartigen kaum von Interesse ist. Treten wir in ein postmodernes Weltbild, so tritt diese verleugnete Innerlichkeit in den Fokus und damit Relativität, Empfindsamkeit, ‚Wir-Raum' und soziale narrative Konstruktion. Hier enden die großen modernen Erzählung von der Allerklärbarkeit durch Wissenschaft. Und treten wir schlussendlich aus der Postmoderne hinaus, müssen wir erkennen, dass all dies selbst Narrationen und Weisen der Psyche sind, sich selbst und ihre Mechanismen aufzudecken, um subjektive und intersubjektive Wirklichkeit zu formen. Was die Psyche aus Sicht der Evolution und evolutionären Distanzierung lernt ist nichts anderes, als ihre eigenen Regeln von Grenzsetzung, Grenzverschiebung, Grenzüberschreitung und Neusetzung neu zu erlernen; oder, kurz gesagt: auf und in dem Spektrum der Wirklichkeiten, in und durch das sie überhaupt erst existiert, tanzen zu können.

Wir haben auf den vergangenen Seiten gesehen, wie wir uns gegen andere Weltbilder und Narrative immunisieren; es ergibt insofern keinen Sinn, das christliche Weltbild aus der Perspektive modernen Bewusstseins mit dem wissenschaftlichen Weltbild zu vergleichen. Es sind zwei unterschiedliche Narrativbündel mit unterschiedlichen fürwahr-Nehmungen, und man wird weder einen überzeugten, einen gläubigen Christen mit der Macht der Wissenschaft davon überzeugen können, dass es Gott nicht gibt, noch einen modernen, reduktionistischen Wissenschaftler von der unmittelbaren Gottheitserfahrung. Auf der anderen Seite wissen wir, dass wir uns nur innerhalb unseres kognitiven Raumes bewegen können; unsere Wahrnehmungen und Repräsentationen hängen notwendigerweise von den Narrativen ab, die wir wählen. Unser Glauben, also unsere Art und Weise, aus der Unbestimmtheit herauszutreten und Sinn zu erfordern, erfordert immer einen willkürlichen Akt der Selbsttäuschung, etwas für wahr zu nehmen, was an sich nicht wahr ist. Und dadurch wird es wahr.

Wir sind insofern verpflichtet, verantwortlich mit unserer neuen Freiheit umzugehen. Wir müssen bestimmte Narrative wählen – doch welche, liegt rein in unserem ethischen Ermessen. Jeden Moment stellt sich erneut die Frage, was wir beobachten wollen, wie wir es beobachten und wie wir unsere Beobachtungen mit anderen kommunizieren. Um diese Erkenntnis dauerhaft umzusetzen, erfordert es von uns Bewusstheit, um nicht dem Vergessen anheimzufallen. Und es erfordert Kraft, jeden Moment über seine Narrative entscheiden zu können. Doch das Resultat ist eine Lebenskunst, die fröhlich ist, eben weil wir die Chance zur Freude jeden Moment nutzen können. Aber dies trägt auch Gefahren in sich: Wir können uns etwa für Narrative entscheiden, das Leid dieser Welt zu verringern. Aber: Ist nicht Leid auch manchmal notwendig, um zu wachsen, sei es, wenn das Kind neue Regeln erlernen und Grenzen erfahren muss? Und hat nicht auch Ken Wilber recht, wenn er alle Sensibilität für einen

Moment ablegt und nahelegt, dass die (großen) Kriege notwendig sind, damit sich Kulturen einander annähern?[147] Allen Hoffnungen der New Age-Psychotherapien zum Trotz: Wir müssen uns zuweilen streiten, müssen zuweilen *political correctness* und *gewaltfreie Kommunikation* ablegen, um einander besser kennenzulernen, um uns selbst kennenzulernen, um zu wachsen. Wir müssen das Dunkle und Andersartige in uns integrieren können, um zu reifen. Wir müssen uns dem aussetzen, dass wir manchmal vor paradoxen Problemstellungen stehen. Und wir müssen uns hier immer wieder entscheiden.

Durch unsere Entscheidungen, auf welche Art wir welche Geschichten erzählen und welcher Narrative wir uns bedienen, bestimmten wir unsere Ansichten, Meinungen Weltbilder, Philosophien, Theorien, Perspektiven und Beobachtungen. Narrative sind die Wurzel unserer Kognition. Und anders herum: Was auch immer für eine Meinung wir haben, was auch immer für eine Philosophie oder was für ein Weltbild wir wählen, und für welche Weltsicht wir uns entscheiden – sei es eine mit traditionellem Gottesbild, sei es ein modernes, materialistisch / wissenschaftliches/kapitalistisches Weltbild, sei es ein postmodernes, relativistisches / sozialkonstruktivistisches Weltbild – so tun wir dies nur vermittels Narrative; selbst, welche Haltung wir dem Bewusstsein und der Psyche gegenüber einnehmen, hängt von den Narrativen ab, durch die wir das an sich Dunkle und Unbestimmte mit Licht und Bestimmtheit füllen.

147. Vgl. Ken Wilber, *Halbzeit der Evolution*, 2004

Und so werden sich immer diejenigen unterscheiden, die wissen oder erkannt haben, dass ihre eigenen Geschichten und Narrative nicht wirklich wahr sein können, und zwar von denjenigen, die an ihre eigenen Wahrheiten glauben. Für die Ersteren ist die Welt letztlich immer ein Spielfeld offener Möglichkeiten, wer sie selbst sein können, was sie in der Welt tun können, wie sie die Welt betrachten können. Sie kommen aus dem Formlosen heraus, und nutzen Narrative, um ihre Welt zu gestalten, tanzend, ungebunden, und in letzter Hinsicht fröhlich. Sie können wählen, wie sie wollen. Die Letzteren, also die, die an ihre Wahrheiten glauben, leben letztlich in den engen unbewussten Konstruktionen ihrer Wahl und Lebensentwürfe. Und vielleicht ist es so, dass man die einen von den anderen nur durch ihre Freude unterscheiden kann. Denn Funktion des narrativen Bewusstseins besteht nur darin, unsere Freude zu vergrößern und unseren Willen, unsere Liebe und Freiheit zu stärken. In letzter Instanz konvergiert hier ein narratives Bewusstsein mit dem eigentlichen Ziel des Yoga: Freiheit.[148] Denn diese kann nur erlangt werden, wenn man nicht nur frei von seinen Erzählungen ist, sondern seine Erzählung immer wieder wählt und damit seine Freiheit beweist. Oder, in den Worten von Dorothy Thompson: „It is not the fact of liberty but the way in which liberty is exercised that ultimately determines whether liberty itself survives."

Ein letztes Wort: Wir wissen nun, dass das, was wir erzählen, immer anders möglich ist, und von den Narrativen abhängt, die wir wählen. Narration und Narrativ sind

148. Vgl. Mircea Eliade, *Yoga*, 1977

kontingent. Und dennoch versteifen wir uns auf unsere Meinungen, zuweilen die Wahrheit zu sprechen, wo wir doch wissen, dass dies eigentlich unmöglich ist. Wir können uns auf bestimmte Modelle einigen – und gewisse Modelle und auch Perspektiven sind letztlich passender und ethischer als andere. Doch sobald – letztendlich auf einer sehr emotionellen Ebene – etwas anderes als Freude darin involviert ist, nehmen wir unsere Weltbeschreibungen ernster, als wir es eigentlich sollten. Gerade im Zweierdialog der Beziehung offenbart sich schnell, dass es niemanden gibt, der Recht haben kann, ebenso wenig im politischen oder gesellschaftlichen Dialog. Die Medien gaukeln uns ein Bild und eine Geschichtsschreibung vor, aber auch nur, um ihren eigenen Lebensunterhalt zu gewährlisten. Es sind Konstruktionen, und wir sollten die Bewusstheit darüber bewahren. Der einzige Weg aus dieser Unbestimmtheit heraus ist die Fähigkeit, das anders-möglich-Sein der Story immer mitzuerzählen. Und zu lachen.